가로 세로 교과서 낱말 퍼즐 ③

지경사

〈가로 세로 교과서 낱말 퍼즐〉로 어휘력을 키워 보세요!

"선생님, '새경'이 무슨 뜻이에요?"
"선생님, '사돈'은 누구를 말하는 거예요?"
"선생님, '같은 값이면 다홍치마'가 무슨 뜻이에요?"

여러분은 교과서를 읽다가 모르는 낱말이 나와 문장을 이해하지 못한
적은 없나요?
선생님의 질문을 이해하지 못해서 엉뚱한 대답을 한 적은 없나요?
시험 문제를 풀다가 낱말의 뜻 하나를 몰라서 틀린 적은요?
평소 하찮게 생각했던 낱말 하나 때문에 교과서의 내용도 이해하지 못
하고, 선생님의 말씀도 이해하기 힘들었던 적은 없고요?

'이런 친구들에게 도움을 줄 수 있는 방법이 없을까?'

고민하다가 만든 책이 바로 〈가로 세로 교과서 낱말 퍼즐〉이에요.
국어, 수학, 사회 등 교과서에 나오는 중요한 낱말을 뽑아서 퍼즐 모형
에 담아 보았어요. 놀이하듯 재미있고 즐겁게 풀다 보면 자신도 모르게
어휘력이 자라고 교과서 내용을 더욱 쉽게 이해할 수 있을 거예요.

〈가로 세로 교과서 낱말 퍼즐〉로 낱말의 뜻을 알고, 반대말과 비슷한 말을 익히면서 더불어 영어, 한자 단어도 배울 수 있어요. 그리고 한 단계가 끝날 때마다 익힌 낱말을 활용한 '수수께끼' '다섯 고개 놀이' '속담 퀴즈' 코너를 마련했어요. 낱말 퍼즐을 다 풀어 본 친구라면 쉽게 알아맞힐 수 있을 거예요. 낱말 퍼즐을 푸는 동안 정확한 낱말의 뜻과 속담, 수수께끼의 의미까지 익히니 일석이조지요.

자음과 모음이 모여서 낱말, 낱말이 모여서 문장, 문장이 모여서 문단, 문단이 모여서 글이 된다는 사실을 잊지 마시고 글의 토대가 되는 낱말 퍼즐을 많이 많이 풀어 보세요.

엮은이 정명숙
(유석 초등 학교 교사)

차례

👓 3학년 낱말 퍼즐

🐻 이 책의 구성 🐻

〈참고 : 3~4학년군 교과서〉

3학년 국어❸-1 가 나 (국어활동❸-1 가 나), 국어❸-2 가 나 (국어활동❸-2 가 나)

　　수학❸-1(수학익힘❸-1), 수학❸-2(수학익힘❸-2)

　　사회❸-1, 사회❸-2

　　과학❸-1(실험관찰❸-1), 과학❸-2(실험관찰❸-2)

4학년 국어❹-1 가 나 (국어활동❹-1 가 나), 국어❹-2 가 나 (국어활동❹-2 가 나)

　　수학❹-1(수학익힘❹-1), 수학❹-2(수학익힘❹-2)

　　사회❹-1, 사회❹-2

　　과학❹-1(실험관찰❹-1), 과학❹-2(실험관찰❹-2)

〈각 단계별 학년 학기〉

1~5단계 : 3학년 1학기　　　6~10단계 : 3학년 2학기

11~15단계 : 4학년 1학기　　16~20단계 : 4학년 2학기

〈각 단계별 낱말 퍼즐〉

• **낱말 퍼즐1** – 6문제로 구성(2쪽) 예) 예문 영 영어 비 비슷한 말 반 반대말 漢 한자 속담 속담

• **낱말 퍼즐2** – 7문제로 구성(2쪽)

• **낱말 퍼즐3** – 8문제로 구성(2쪽)

• **수수께끼** | **다섯 고개 놀이** | **속담 퀴즈** – 각 1문제로 구성, 정답(2쪽)

가로 세로 교과서 낱말 퍼즐 ③

〈가로 열쇠〉

2 밥을 짓고 음식을 만드는 곳. (국어활동❸-1 가, 76쪽)

　　예) 엄마는 ○○에서 아침밥을 준비하고 있어요. ㈐ 주방　㈎ kitchen

3 삼각형으로 된 자. (수학익힘❸-1, 30쪽)

　　예) ○○○를 이용하여 삼각형을 그리세요. ㈐ 세모자　㈎ set square

5 모양과 크기가 변하지 않는 물질의 상태. (과학❸-1, 48쪽)

　　예) 나무, 철, 플라스틱 등은 일정한 모양과 크기를 가지고 있는 ○○예요. ㈎ solid　㈑ 固體

〈세로 열쇠〉

1 농사짓는 일을 직업으로 하는 사람. (국어❸-1 가, 26쪽)

　　예) ○○는 논밭에서, 어부는 바다에서, 광부는 광산에서 일해요. ㈐ 농사꾼　㈎ farmer　㈑ 農夫

4 저마다 다 따로. (수학❸-1, 75쪽)

　　예) 선생님은 바구니에 있는 사과와 귤을 ○○ 하나씩 나누어 주었어요. ㈘ 각자　㈎ each
　　㈑ 各各

6 담는 그릇에 따라 모양은 변하지만 양은 변하지 않는 물질의 상태.

　　(과학❸-1, 51쪽)

　　예) 우리 주위에서 볼 수 있는 ○○에는 물, 음료수, 식용유 등이 있어요. ㈎ liquid　㈑ 液體

🔑 〈가로 열쇠〉

1 불을 때는 데 쓰는 재료. (국어❸-1 가, 29쪽)

예) 나무꾼은 산에서 ○○으로 쓸 나무를 도끼로 잘랐어요. 비 땔거리 영 firewood

3 해가 떠오르는 쪽. (사회❸-1, 22쪽)

예) 해는 ○○에서 떠서 서쪽으로 집니다. 영 east

4 파충류, 곤충류 따위가 자라면서 벗는 껍질. (과학❸-1, 95쪽)

예) 배추흰나비 애벌레는 네 번 ○○을 벗고 번데기가 됩니다. 비 껍데기 영 skin

6 몸의 발달을 돕고 동작을 민첩하게 하기 위해 하는 운동. (수학❸-1 가, 161쪽)

예) 속담 달밤에 ○○를 하다. 영 gymnastics 漢 體操

7 소의 똥. (국어❸-1 가, 27쪽)

예) 속담 ○○에 미끄러져 개똥에 코 박은 셈이다. 영 cattle dung

🔑 〈세로 열쇠〉

2 크게 느끼어 마음이 움직임. (국어활동❸-1 가, 8쪽)

예) 난 사람들에게 재미와 ○○을 줄 수 있는 동시를 쓸 거야. 비 감격 영 emotion 漢 感動

5 모양이 있고 공간을 차지하고 있는 것. (실험관찰❸-1, 18쪽)

예) 우리 주위에 있는 옷, 신발, 필통, 연필 등을 '○○'라고 합니다. 비 물건 영 object 漢 物體

1-3 〈선풍기 모양〉 낱말 퍼즐

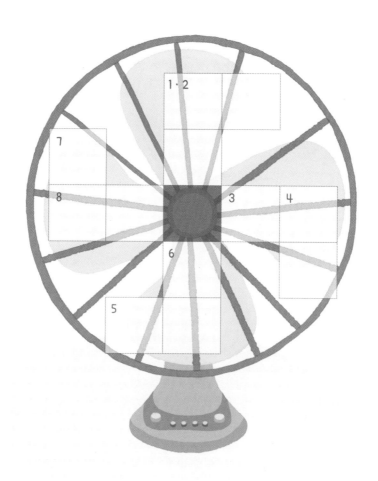

🔑 〈가로 열쇠〉

1 옛날에 살았던 동물이 땅속에 묻혀 기름으로 변한 것. (사회❸–1, 101쪽)

예) 사우디아라비아는 세계 1위의 ○○ 생산국이에요. 🛈 등유 🔵 oil 🔴 石油

3 그날의 비, 구름, 바람, 기온 따위를 나타나는 기상 상태. (국어활동❸–1 가, 44쪽)

예) 기상청에서 매일 ○○를 조사해 사람들에게 알려 줍니다. 🛈 일기 🔵 weather

5 주로 풀이나 푸성귀만 먹고 삶. (과학❸–1, 66쪽)

예) 토끼와 염소는 식물성 먹이만 먹는 ○○ 동물이에요. 🛈 채식 🔺 육식 🔵 herbivorous
🔴 草食

8 두 점을 곧게 이은 선. (수학익힘❸–1, 25쪽)

예) 삼각형은 세 개의 ○○으로 이루어져 있어요. 🛈 유한 직선 🔵 line segment 🔴 線分

🔑 〈세로 열쇠〉

2 옛날에 살았던 식물이 땅속에 묻혀 숯으로 변한 것. (사회❸–1, 123쪽)

예) 우리 아빠의 직업은 ○○을 캐는 광부입니다. 🔵 coal 🔴 石炭

4 두 사람이 샅바를 잡고 힘과 재주를 부리어 상대를 먼저 넘어뜨리는
것으로 승부를 겨루는 민속 놀이. (국어❸–1 가, 57쪽)

예) 옛날에는 ○○에서 우승한 사람에게 상으로 황소를 주었대요. 🔵 Korean wrestling

6 동물이 다른 동물의 고기를 먹이로 하는 일. (과학❸–1, 66쪽)

예) 초식 동물은 힘센 ○○ 동물에게 잡아먹히지 않으려고 항상 긴장하며 지내요. 🛈 식육
🔺 초식 🔵 carnivorous 🔴 肉食

7 양쪽으로 끝없이 늘인 곧은 선. (수학❸–1, 59쪽)

예) 평행하는 두 ○○은 결코 만날 수 없어요. 🔺 곡선 🔵 straight line 🔴 直線

13

수수께끼

Q. 걸어가면서 빈대떡을 부치는 것은 뭐게?

A. 정답은 ☐☐ 입니다. (힌트 : 1-2에 나오는 낱말이에요)

다섯고개 놀이

Q.
1. 학용품인가요?
   예, 학용품입니다.

2. 네모 모양인가요?
   아니요, 세모 모양입니다.

3. 음악 시간에 사용하나요?
   아니요, 수학 시간에 사용합니다.

4. 플라스틱으로 만들었나요?
   예, 주로 투명한 플라스틱으로 만듭니다.

5. 눈금이 새겨져 있나요?
   예, 그렇습니다.

A. 정답은 ☐☐☐ 입니다. (힌트 : 1-1에 나오는 낱말이에요)

속담 퀴즈

도깨비 ○○ 같다.

*도깨비들이 서로 어울려 씨름하듯이 결론 없이 옥신각신하는 것을 빗댄 말.

A. 정답은 □□ 입니다. (힌트 : 1-3에 나오는 낱말이에요)

- - - - - - - - - - 정 답 - - - - - - - - - -

1-1

¹농					⁶액
²부	엌			⁵고	체
		³삼	⁴각	자	
			각		

1-2

¹땔	²감	
	³동	쪽
	⁴허	⁵물
	⁶체	조
		⁷쇠	똥

1-3

	¹·²석	유		
⁷직	탄			
⁸선	분		³날	⁴씨
	⁶육			름
⁵초	식			

- **수수께끼 정답** : 쇠똥
- **다섯 고개 놀이 정답** : 삼각자
- **속담 퀴즈 정답** : 씨름

2-1 〈와인잔 모양〉 낱말 퍼즐

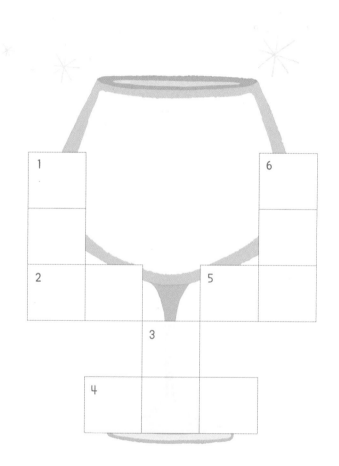

16

2 물체를 만드는 재료. (실험관찰❸-1, 19쪽)

예) 가죽, 나무, 플라스틱, 금속, 고무, 섬유 등을 '○○'이라고 해요. 영 matter 漢 物質

4 과실 나무를 심은 밭. (사회❸-1, 34쪽)

예) 할아버지는 ○○○에서 사과 나무를 키워요. 영 orchard 漢 果樹園

5 생각을 하고 언어를 사용하며 도구를 만들어 쓰고 사회를 이루어 사는 동물. (국어활동❸-1 가, 8쪽)

예) 속담 ○○은 죽으면 이름을 남기고 호랑이는 죽으면 가죽을 남긴다. 비 인간 영 people

1 물속이나 또는 공기 중에 떠다니는 물질. (과학❸-1, 125쪽)

예) 연못 위로 떠다니는 ○○○을 뜰채로 걷어내었어요. 영 floating matter 漢 浮遊物

3 비가 많이 와서 강이나 개천에 갑자기 크게 불어난 물. (사회❸-1, 49쪽)

예) ○○로 인해 하천 주변의 많은 집들이 물에 잠겼어요. 비 큰물 반 가뭄 영 flood 漢 洪水

6 입술을 좁게 오므리고 혀끝으로 입김을 불어서 맑게 내는 소리. (국어❸-1, 16쪽)

예) 내가 노래를 부르자 아빠는 리듬에 맞춰 휘휘휘 ○○○을 불었어요. 영 whistle

<가로 열쇠>

2 음력 정월 보름날을 명절로 이르는 말. (국어❸-1 가, 53쪽)

예) 가족과 함께 ○○○에 *차전놀이, *쥐불놀이 등 민속 놀이를 했어요. (비) 대보름날

4 알고 있는 것을 바탕으로 알지 못하는 것을 미루어 생각함. (과학❸-1, 16쪽)

예) 국립 과학 수사 연구원은 사건 해결을 위해 여러 가지 증거를 찾아 과학적으로 ○○하는 과정을 거치는 곳이에요. (비) 추측 (영) inference (漢) 推理

6 위험이나 피해를 입지 않도록 일시적으로 피함. (사회❸-1, 50쪽)

예) 화재가 났을 때는 빨리 비상 계단을 이용해 ○○해야 해요. (비) 피신 (영) evacuation (漢) 待避

7 사과파는 물건에 일정하게 매겨진 액수. (수학❸-1, 229쪽)

예) 해마다 기름 ○이 올라 걱정이에요. (영) price

<세로 열쇠>

1 탈것을 타지 않고 걸어감. (사회❸-1, 88쪽)

예) 서울에서 부산까지 비행기로는 약 1시간, ○○로는 약 30일이 걸립니다.
(비) 보행 (영) walking (漢) 徒步

3 밤에 공기의 온도가 낮아 수증기가 얼어서 땅이나 초목에 희게 깔리는 물질. (과학❸-1, 19쪽)

예) 어젯밤에 ○○가 많이 내려 농작물 피해를 입었어요. (영) (white) frost

5 밤에 뱃길의 위험한 곳을 비추거나 목표로 삼기 위해 등불을 켜 위험을 방지하는 곳. (사회❸-1, 16쪽)

예) 만약 ○○가 없다면 많은 배들은 바다에서 길을 잃을 거예요. (영) lighthouse (漢) 燈臺

* **차전놀이** : 정월 대보름날 하는 민속 놀이 중 하나. 두 편으로 나누어 동채에 탄 장수의 지휘 아래 상대의 동채를 먼저 땅에 닿게 하는 놀이.
* **쥐불놀이** : 정월 대보름 전날에 논이나 밭에 모여 막대기나 줄에 불을 붙여 돌아다니며 노는 놀이.

2-3 〈UFO 모양〉 낱말 퍼즐

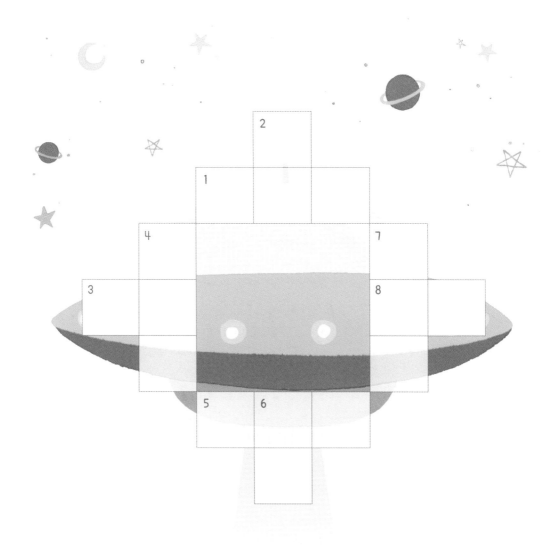

🔑 〈가로 열쇠〉

1 불을 끄는 일을 맡은 기관. (사회❸-1, 35쪽)

예) 불이 나면 ○○○에 신고를 해야 해요. ⑱ fire station ㊐ 消防署

3 자석이 아닌 물체가 자석의 성질을 띠게 되는 것. (과학❸-1, 73쪽)

예) 클립을 자석으로 문지르면 ○○되어 자석의 성질을 띠게 됩니다. ㊁ 자기화
⑱ magnetization ㊐ 磁化

5 나이나 지위가 자기보다 높은 어른. (국어❸-1 가, 86쪽)

예) ○○○을 만나면 예의 바르게 인사를 해야 해요. ㊁ 어른 ⑱ senior

8 설탕이나 엿 따위를 끓여 여러 가지 모양으로 굳힌 것. (수학익힘❸-1, 70쪽)

예) 내가 좋아하는 간식은 ○○, 과자, 빵이에요. ㊁ 캔디 ⑱ candy ㊐ 砂糖

🔑 〈세로 열쇠〉

2 동서남북의 네 방위를 통틀어 이르는 말. (사회❸-1, 48쪽)

예) 마당에 심은 꽃나무 넝쿨이 ○○으로 뻗어 자라요. ㊁ 사방팔방 ⑱ everywhere ㊐ 四方

4 불을 끄는 기구. (과학❸-1, 61쪽)

예) 화재를 대비해 모든 건물 안에는 ○○○를 비치해 두어야 해요. ⑱ fire extinguisher
㊐ 消火器

6 오늘의 바로 하루 전날. (국어❸-1 가, 61쪽)

예) ○○는 하루 종일 비가 내리더니 오늘은 해가 쨍쨍 나요. ㊁ 어저께 ㊂ 내일 ⑱ yesterday

7 보통으로 가벼이 하는 말. (국어활동❸-1 가, 82쪽)

예) ○○○은 보통 친구나 아랫사람에게, 존댓말은 어른께 쓰는 말이에요.

Q. 아침에는 네 발로 점심에는 두 발로 저녁에는 세 발로 걷는 것은 뭐게?

A. 정답은 □□ 입니다. (힌트 : 2–1에 나오는 낱말이에요)

다섯고개 놀이

Q.
1. 학용품인가요?
   아니요, 식품입니다.
2. 공장에서 만들었나요?
   예, 그렇습니다.
3. 고소한가요?
   아니요, 달콤합니다.
4. 설탕으로 만들었나요?
   예, 주로 설탕으로 만듭니다.
5. 많이 먹으면 이가 썩나요?
   예, 그렇습니다.

A. 정답은 □□ 입니다. (힌트 : 2–3에 나오는 낱말이에요)

속담 퀴즈 같은 ○ 이면 다홍치마.

＊값이 같거나 같은 조건이라면 품질이 좋은 것을 고른다는 말.

A. 정답은 □ 입니다. (힌트 : 2-2에 나오는 낱말이에요)

- 정 답 -

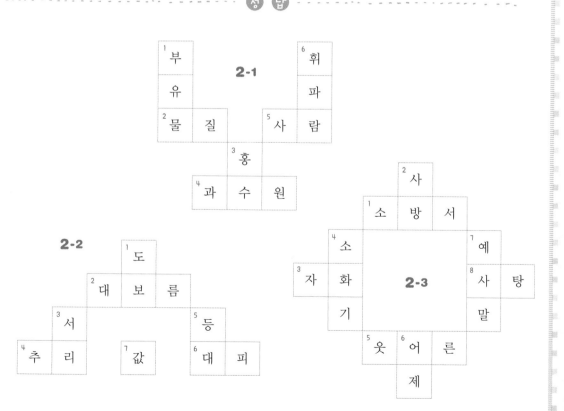

2-1

	부				휘
	유				파
	물	질		사	람
			홍		
	과	수	원		

2-2

도
대 보 름
서 등
추 리 값 대 피

2-3

사
소 방 서
소 예
자 화 2-3 사 탕
기 말
옷 어 른
제

3-1 〈리본 모양〉 낱말 퍼즐

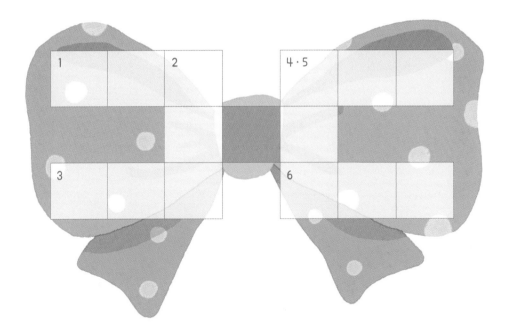

🔑 〈가로 열쇠〉

1 수줍거나 무안해 붉어진 얼굴을 비유적으로 이르는 말. (국어활동❸-1 나, 259쪽)

예) 친구들이 놀리자 전학 온 아이의 얼굴이 ○○○처럼 빨갛게 변했어요. 비 당근 영 carrot

3 되게 나는 소리. (국어활동❸-1 나, 245쪽)

예) 'ㄱ, ㄷ, ㅂ, ㅅ, ㅈ'은 예사소리, 'ㄲ, ㄸ, ㅃ, ㅆ, ㅉ'은 ○○○예요. 비 경음 영 a fortis

4 극도로 빠른 속도. (사회❸-1, 107쪽)

예) 우리나라는 34개 경제협력개발기구(OECD) 회원국 중 무선 ○○○ 인터넷 보급률 1위를 기록했어요. 영 superhigh speed 漢 超高速

6 여러 가지 계산을 빠르고 정확하게 하기 위해 사용하는 기계. (수학익힘❸-1, 12쪽)

예) ○○○를 사용하면 복잡한 숫자도 쉽게 계산할 수 있어요. 영 calculator 漢 計算器

🔑 〈세로 열쇠〉

2 한 배에 낳은 여러 마리 새끼 가운데 가장 먼저 나온 새끼. (국어활동❸-1 나, 208쪽)

예) ○○○는 문을 열고 나왔다는 뜻의 '문+열+이'가 변해 만들어진 말이에요. 비 못난이

5 시간을 초 단위까지 정확하게 재기 위한 시계. (수학❸-1, 185쪽)

예) 체육 선생님은 학생들의 100m 달리기 기록을 ○○○로 재었어요. 영 stopwatch
漢 秒時計

3-2 <컵 모양> 낱말 퍼즐

2 공기, 산소, 수소 등과 같이 일정한 모양과 부피가 없는 물질. (과학❸-1, 53쪽)

　예) 풍선을 가득 채우고 있는 공기는 ○○입니다. 영 gas　漢 氣體

3 이미 지나간 때. (사회❸-1, 99쪽)

　예) ○○에는 마차를 타고 다녔으나 요즘에는 자동차, 배, 기차, 비행기 등 이동 수단이 훨씬 다양해졌어요. 비 옛날　반 미래　영 past　漢 過去

5 귤나무의 열매. (수학익힘❸-1, 73쪽)

　예) 우리나라 제주도에는 따뜻한 기후 특성으로 ○이 잘 자랍니다. 영 mandarin　漢 橘

6 삶은 콩을 찧은 다음 덩이를 지어서 띄워 말린 것. (국어❸-1 나, 185쪽)

　예) 속담 콩으로 ○○를 쑨다 하여도 곧이듣지 않는다.

1 전동기를 이용한 흡인력으로 티끌과 먼지를 빨아들여 청소하는 기구.

　(국어❸-1 가, 45쪽)

　예) 해마는 기다란 주둥이 끝에 달린 ○○○○○처럼 생긴 긴 입으로 먹이를 빨아들여요.

　영 vacuum cleaner　漢 眞空淸掃機

4 사람이 직접 손으로 끄는 수레. (사회❸-1, 77쪽)

　예) 옛날 사람들은 최초의 '인간 택시'라고 할 수 있는 ○○○를 끌었어요. 영 rickshaw

　漢 人力車

7 크고 뭉툭하게 생긴 코. (국어활동❸-1 가, 26쪽)

　예) 양반탈의 얼굴에는 큼지막한 ○○○가 있어 우스꽝스럽게 보였어요. 영 bulbous nose

1 어떤 일이 일어나게 만든 까닭. (국어❸-1 가, 111쪽)

예) 교통 사고가 난 ○○은 신호를 지키지 않았기 때문이에요. ⓑ 이유 ⓐ 결과 ⓔ cause
ⓗ 原因

3 몸의 갈빗대 아래에서부터 엉덩이까지의 잘록한 부분. (국어활동❸-1 가, 87쪽)

예) 할미꽃은 ○○가 구부러진 할머니를 닮은 모양이에요. ⓔ waist

5 검붉은 빛을 띤 누런색. (사회❸-1, 29쪽)

예) 미술 시간에 나무줄기는 ○○○, 나뭇잎은 초록색으로 칠했어요. ⓑ 고동빛
ⓔ reddish brown ⓗ 古銅色

8 연극의 대사 대신에 춤에 의하여 진행되는 무용극 예술. (국어❸-1 나, 284쪽)

예) 우리 할아버지는 ○○를 항상 빨래라고 말씀하셔서 창피해요. ⓔ ballet

2 지구의 둘레를 돌도록 로켓을 이용하여 쏘아올린 인공의 장치. (사회❸-1, 15쪽)

예) 위성 사진이란 지구 주위를 돌고 있는 ○○○○에서 찍은 사진을 말해요.
ⓑ 인공지구위성 ⓔ satellite ⓗ 人工衛星

4 등나무의 줄기를 가늘게 쪼개서 엮어 만든 등거리. (국어활동❸-1 가, 44쪽)

예) 우리 조상들은 여름에 땀이 배지 않도록 적삼 밑에 ○○○○를 입었어요. ⓑ 등배자

6 파랑과 노랑의 중간색. (사회❸-1, 34쪽)

예) 파키스탄의 국기는 ○○ 바탕에 흰색의 초승달과 별이 있어요. ⓑ 초록색 ⓔ green ⓗ 綠色

7 조선 시대에 나라의 중요한 문서를 신속히 전달하기 위해 설치한 통신
수단. (사회❸-1, 83쪽)

예) 말을 타고 연락하는 기발과 걸어서 연락하는 보발을 '○○'이라고 해요. ⓔ post station
ⓗ 擺撥

수수께끼

Q. 겉은 보름달, 속은 반달인 것은 뭐게?

A. 정답은 ☐ 입니다. (힌트 : 3-2에 나오는 낱말이에요)

다섯고개 놀이

Q.
1. 식물인가요?
   예, 식물입니다.

2. 과일인가요?
   아니요, 채소입니다.

3. 초록색인가요?
   아니요, 주홍색입니다.

4. 당나귀가 좋아하나요?
   예, 토끼도 좋아합니다.

5. '당근'이라고도 하나요?
   예, 그렇습니다.

A. 정답은 ☐☐☐ 입니다. (힌트 : 3-1에 나오는 낱말이에요)

콩으로 ○○ 를 쑨다 해도 곧이듣지 않는다.

＊아무리 사실대로 말하여도 믿지 않음을 빗댄 말.

A. 정답은 □□ 입니다. (힌트 : 3-2에 나오는 낱말이에요)

• 정 답 •

3-1

¹홍	당	²무		⁴·⁵초	고	속
		녀		시		
³된	소	리		⁶계	산	기

¹원	²인
	공
	위
	성

3-2

¹진			⁵귤		
공				⁶메	⁷주
청			⁴인		먹
소			력		코
²기	체		³과	거	

3-3

				⁶녹
⁴등		⁵고	동	색
등				
거			⁷파	
³허	리		⁸발	레

• **수수께끼 정답** : 귤 • **다섯 고개 놀이 정답** : 홍당무 • **속담 퀴즈 정답** : 메주

🔍 〈가로 열쇠〉

1 이른 봄에 잎보다 먼저 노란 꽃을 피우는 나무. (국어❸-1 나, 259쪽)

예) 봄이 되자 우리 집 앞마당에 ○○○가 활짝 피었어요. ⑲ forsythia

3 봉화를 올릴 수 있게 만들어 놓은 곳. (사회❸-1, 82쪽)

예) 옛날에는 높은 산에 ○○○를 설치하고 횃불과 연기로 위급한 일을 알렸어요. ⑪ 봉화대
㶋 烽燧臺

5 낡거나 못 쓰게 된 물건 따위를 활용하여 다시 씀. (과학❸-1, 33쪽)

예) 월드컵에 출전한 선수들이 입었던 유니폼이 페트병을 ○○○하여 만든 옷이래요.
⑲ recycling   㶋 再活用

🔍 〈세로 열쇠〉

2 열매는 '오디'라고 하며 술을 담그거나 생으로 먹고, 잎은 누에의 사료로
사용하는 나무. (국어❸-1 나, 221쪽)

예) 누에는 ○○○ 잎을 먹고 살아요. ⑪ 오디나무   ⑲ mulberry

4 눈, 비 등 땅에 내린 물의 양. (사회❸-1, 45쪽)

예) 비가 많이 오는 장마철에는 ○○○이 많습니다. ⑲ rainfall   㶋 降水量

6 기계가 맞닿는 부분의 마찰을 줄이기 위해 쓰는 기름. (과학❸-1, 55쪽)

예) 자동차의 부품이 닳는 것을 방지하기 위해 ○○○를 넣어요. ⑲ lubricant   㶋 潤滑油

<자물쇠 모양> 낱말 퍼즐

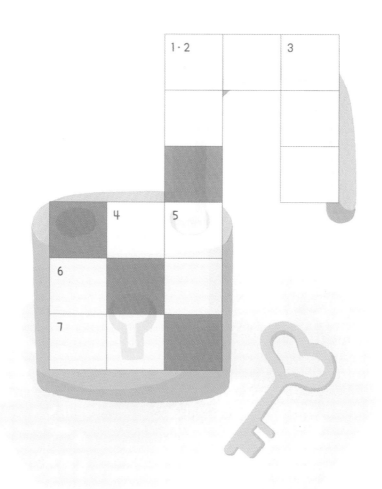

〈가로 열쇠〉

1 음식을 만드는 데 사용하는 기름. (과학❸-1, 51쪽)

예) 팬에 ○○○를 두르고 달걀프라이를 했어요. ⑲ cooking oil ㉲ 食用油

4 수삼을 쪄서 말린 붉은 빛깔의 인삼. (사회❸-1, 63쪽)

예) 금산의 특산물은 인삼, 진안의 특산물은 ○○이에요. ⑲ red ginseng ㉲ 紅蔘

7 파랑과 빨강의 중간색. (국어❸-1 나, 268쪽)

예) 빨강, 주황, 노랑, 초록, 파랑, 남색, ○○, 일곱 빛깔 무지개예요. ⑲ violet

〈세로 열쇠〉

2 신맛을 내는 데 쓰는 투명한 액체. (과학❸-1, 51쪽)

예) 미역무침에 ○○와 설탕을 넣어 새콤달콤한 맛이 나요. ㉑ 초 ⑲ vinegar ㉲ 食醋

3 석유를 운반하는 배. (사회❸-1, 81쪽)

예) 대형 ○○○이 기름을 가득 싣고 부산항에 도착했어요. ⑲ oil tanker ㉲ 油槽船

5 삼실에서 뽑아 낸 실로 짠 천. (사회❸-1, 63쪽)

예) 할아버지는 여름이 되면 ○○로 옷을 지어 입으세요. ㉑ 베 ⑲ hemp cloth

6 밥을 많이 먹는 사람을 놀림조로 이르는 말. (국어❸-1 나, 204쪽)

예) 내 동생은 먹을 것만 보면 뭐든지 먹어 치우는 ○○예요. ㉑ 걸귀 ⑲ glutton

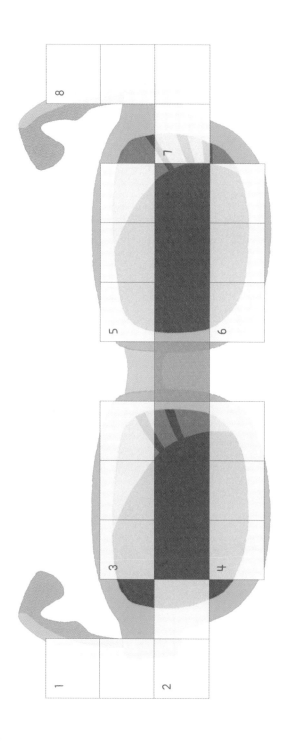

🔑 〈가로 열쇠〉

2 생식 세포인 꽃가루를 만드는 꽃의 한 기관. (국어❸-1 나, 266쪽)

예) 진달래는 ○○에 약한 독성이 있으므로 반드시 꽃술을 제거하고 먹어야 해요. ㉥ 수꽃술

3 자침이 남북을 가리키는 특성을 이용하여 방향을 알아내는 계기. (사회❸-1, 24쪽)

예) ○○○을 이용하여 동서남북을 찾아보세요. ㉿ compass ㉰ 羅針盤

4 축구, 배구 등 스포츠 경기의 국제 선수권 대회. (사회❸-1, 162쪽)

예) 한국 축구 국가 대표팀은 2002년 ○○○에서 좋은 성적을 거두었어요. ㉿ World Cup

5 밀을 빻아 만든 가루. (수학익힘❸-1, 8쪽)

예) ○○○ 반죽을 끓는 물에 넣어 끓이면 맛있는 수제비가 완성돼요. ㉿ flour

6 물체의 온도를 재는 계기. (과학❸-1, 13쪽)

예) 날씨가 추워 ○○○를 보니 영하 2도였어요. ㉿ thermometer ㉰ 溫度計

7 사물의 근본이 되는 이치. (과학❸-1, 81쪽)

예) 과학 시간에 재미있게 과학 ○○에 대해 배웠어요. ㉧ 원칙 ㉿ principle ㉰ 原理

🔑 〈세로 열쇠〉

1 길을 따라 줄지어 심은 나무. (국어❸-1 나, 260쪽)

예) 경복궁 길가에 ○○○로 은행나무와 플라타너스나무가 있어요. ㉿ roadside tree ㉰ 街路樹

8 달 언저리에 둥그렇게 생기는 구름 같은 빛의 띠. (과학❸-1, 19쪽)

예) 속담 ○○○가 지면 비가 온다. ㉿ ring around the moon

수수께끼

Q. 더우면 키가 커지고 추우면 키가 작아지는 것은 뭐게?

A. 정답은 ☐☐☐ 입니다. (힌트 : 4-3에 나오는 낱말이에요)

다섯고개 놀이

Q.
   1. 동물인가요?
     아니요, 식물입니다.
   2. 나무인가요?
     예, 나무입니다.
   3. 누에가 좋아하나요?
     예, 잎을 아주 좋아합니다.
   4. '오디나무'라고도 하나요?
     예, 그렇습니다.
   5. '뽕' 하고 방귀를 잘 뀌나요?
     아니요, 이름에는 들어 있지만 소리는 나지 않습니다.

A. 정답은 ☐☐☐ 입니다. (힌트 : 4-1에 나오는 낱말이에요)

속담 가나다 퀴즈

○○○ 장사하면 바람이 불고 소금 장사하면 비가 온다.

밀가루 팝니다. 소금 팝니다.

*밀가루 장사를 하려고 장을 펼치면 바람이 불어 밀가루가 날리고, 소금 장사를 하려고 하면 비가 내려 소금을 녹인다는 뜻으로, 일이 공교롭게 매번 뒤틀어짐을 빗댄 말.

A. 정답은 □□□ 입니다. (힌트 : 4-3에 나오는 낱말이에요)

─────── 정 답 ───────

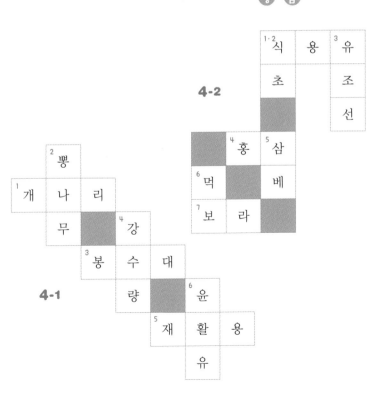

4-2

4-1

4-3

• 수수께끼 정답 : 온도계　• 다섯 고개 놀이 정답 : 뽕나무　• 속담 퀴즈 정답 : 밀가루

🔍 〈가로 열쇠〉

1 거센 파도를 막기 위해 바닷가에 쌓은 둑. (사회❸-1, 50쪽)

예) 바닷가에 사는 사람들은 *해일을 대비해 ○○○를 쌓았어요. 영 breakwater 漢 防波堤

4 신문이나 방송에 실을 기사를 취재하여 쓰는 사람. (사회❸-1, 111쪽)

예) 우리나라가 올림픽 개최국이 되자 전 세계 ○○들이 앞다투어 기사를 썼습니다.
영 reporter 漢 記者

5 닭이나 날짐승의 먹이. (과학❸-1, 110쪽)

예) 병아리는 어미닭을 따라다니며 ○○를 쪼아 먹습니다. 비 먹이 영 feed

🔍 〈세로 열쇠〉

2 특이한 향기와 매운맛이 나며 음식 재료로 널리 쓰이는 백합과의 여러 해살이풀. (사회❸-1, 63쪽)

예) ○○를 까면 나오는 것은? 눈물. 영 onion

3 액체나 기체를 집어넣는 데 쓰는 기구. (과학❸-1, 52쪽)

예) 기다란 풍선은 공기 ○○○를 이용하면 쉽게 불 수 있어요. 영 impregnator 漢 注入器

6 세상에 태어나서 죽을 때까지의 동안. (과학❸-1, 100쪽)

예) 배추흰나비의 ○○○는 '알→애벌레→번데기→성충'의 단계를 거쳐요. 비 한평생

---

* **해일** : 바다의 지각 변동이나 해상의 기상 변화에 의하여 바닷물이 갑자기 육지로 넘쳐 들어오는 것.

〈소프트아이스크림 모양〉 낱말 퍼즐

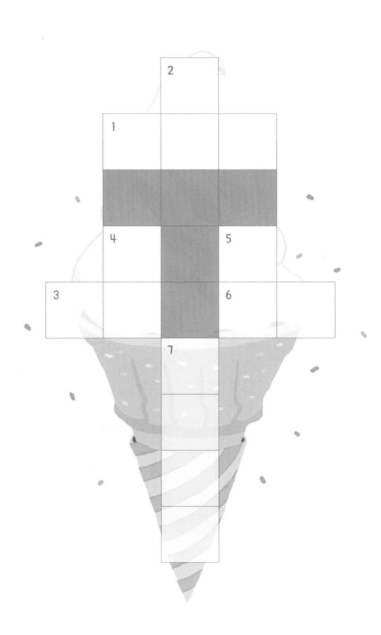

🔑 〈가로 열쇠〉

1 조개의 껍데기. (국어활동❸-1 나, 187쪽)

예) 바닷가에서 여러 가지 모양의 ○○○를 주웠어요. (비) 조개껍데기 (영) shell

3 필기 도구를 넣어 다니는 작은 통. (수학익힘❸-1, 51쪽)

예) 분명히 ○○ 속에 연필을 넣었는데 어디 갔지? (영) pencil case (漢) 筆筒

6 뚫어지거나 파낸 자리. (국어❸-1 나, 177쪽)

예) 둥글게 생긴 엽전 한가운데에 네모난 ○○이 나 있어요. (영) hole

🔑 〈세로 열쇠〉

2 문예 작품을 짓는 사람. (국어❸-1 나, 283쪽)

예) 이 동화를 지은 ○○는 어떻게 이런 재미있는 상상을 했을까? (비) 글쓴이 (영) author (漢) 作家

4 탈것을 이용하여 사람이나 짐이 오고 가고 하는 일. (사회❸-1, 116쪽)

예) 우리 집은 지하철역과 버스 정류장이 가까워 ○○이 편리해요. (영) traffic (漢) 交通

5 들어오는 곳. (수학❸-1, 184쪽)

예) 우리는 극장 ○○에서 만나기로 하였어요. (비) 어귀 (반) 출구 (영) entrance (漢) 入口

7 조선 시대 유학자 이율곡의 어머니. 자수와 서화에 능하였으며 어진 어머니로 이름이 높음. (국어활동❸-1 나, 164쪽)

예) 5천원권 지폐에는 이율곡의 얼굴이, 5만원권 지폐에는 ○○○○의 얼굴이 그려져 있어요.

(漢) 申師任堂

5-3 〈연 모양〉 낱말 퍼즐

🔑 〈가로 열쇠〉

1 콩국에 말아서 만든 국수. _(국어❸-1 나, 184쪽)

예) ○○○는 주로 더운 여름에 얼음을 동동 띄워 먹어요.

3 짧은 거리. _(수학❸-1, 161쪽)

예) 교내 체육 대회에서 나는 우리 반 대표로 100미터 ○○○ 달리기 선수로 참가했어요.
⟨반⟩ 장거리 ⟨영⟩ short distance ⟨漢⟩ 短距離

5 손의 힘으로 기계를 움직여서 사용하도록 되어 있는 방식. _(사회❸-1, 86쪽)

예) 요즘에는 핸드폰이 있었지만 옛날에는 ○○○ 전화기를 사용했어요. ⟨반⟩ 자동식
⟨영⟩ manual system ⟨漢⟩ 手動式

7 남의 잘못이나 비밀을 일러바치는 것. _(국어활동❸-1 나, 174쪽)

예) 친구는 선생님께 내가 준비물을 가져오지 않은 것을 ○○○했어요.

🔑 〈세로 열쇠〉

2 푹 삶은 콩을 따뜻한 곳에 두어 발효시킨 후 소금과 고춧가루를 넣어
만든 된장. _(국어❸-1 나, 184쪽)

예) 할머니 댁에 다다르자 구수한 ○○○ 냄새가 풍겼어요. ⟨漢⟩ 淸麴醬

4 사람들이 즐겁게 구경할 만한 일. _(국어활동❸-1 나, 198쪽)

예) 박물관에는 다양한 ○○○가 가득 차 있어요. ⟨비⟩ 구경거리 ⟨영⟩ spectacle

6 운동할 때 신는 신. _(수학❸-1, 164쪽)

예) 새로 산 ○○○를 신고 달리기 대회에서 1등을 했어요. ⟨영⟩ sneakers ⟨漢⟩ 運動靴

8 흙으로 빚어서 만든 그릇을 통틀어 이르는 말. _(사회❸-1, 63쪽)

예) 안성의 특산물은 유기, 여주의 특산물은 ○○○예요. ⟨영⟩ ceramics ⟨漢⟩ 陶瓷器

수수께끼

Q. 뱃속에 넣고 필요할 때만 꺼내는 것은 뭐게?

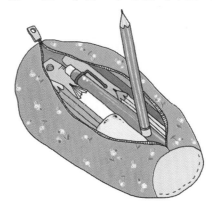

A. 정답은 ☐☐ 입니다. (힌트 : 5-2에 나오는 낱말이에요)

다섯고개 놀이

Q.
1. 동물인가요?
   아니요, 식물입니다.

2. 나무인가요?
   아니요, 채소입니다.

3. 길쭉한 모양인가요?
   아니요, 동그랗습니다.

4. 매운맛이 나나요?
   예, 그렇습니다.

5. 이것을 까면 눈물이 나오나요?
   예, 저절로 눈물이 나옵니다.

A. 정답은 ☐☐ 입니다. (힌트 : 5-1에 나오는 낱말이에요)

속담 가로 퀴즈 ○○은 깎을수록 커진다.

*잘못된 일을 숨기고 얼버무리려고 한다면 더욱 일이 어려워짐을 비유하는 말.

A. 정답은 □□ 입니다. (힌트 : 5-2에 나오는 낱말이에요)

정답

5-1

	² 양	
¹ 방	파	제

³ 주			⁶ 한
입	5-1		살
⁴ 기	자	⁵ 모	이

5-3

5-3

	² 청			
¹ 콩	국	수		
⁴ 볼		장		⁸ 도
³ 단	거	리	⁷ 고	자	질
	리		⁶ 운		기
	⁵ 수	동	식		
		화			

5-2

		² 작		
	¹ 조	가	비	
	⁴ 교		⁵ 입	
³ 필	통	⁶ 구	멍	
		⁷ 신		
		사		
		임		
		당		

5-2

• 수수께끼 정답 : 필통 • 다섯 고개 놀이 정답 : 양파 • 속담 퀴즈 정답 : 구멍

6-1 〈장승 모양〉 낱말 퍼즐

48

〈가로 열쇠〉

1 플루트의 한 종류로 세로로 부는 관악기. (국어❸-2 가, 94쪽)

　예) 음악 시간에 ○○○로 노래 연주를 해 선생님께 칭찬을 받았어요. 영 recorder

3 머리에서 목덜미까지 검은색 줄이 있으며 몸의 길이가 1m에 이를 정도로 큰 새. (과학❸-2, 41쪽)

　예) 어미를 잃은 새끼 ○○○가 왝왝 울어요. 영 heron

5 종이나 사진, 끈 등을 풀로 붙여 만든 작품. (사회❸-2, 50쪽)

　예) 신문이나 잡지를 오리고 붙여 ○○○를 완성하세요. 영 collage

〈세로 열쇠〉

2 쌀이나 보리의 녹말을 원료로 하여 만든 무색의 투명한 액체.

　(국어활동❸-2 가, 79쪽)

　예) 술은 곡식을 발효시키면 생기는 ○○○이라는 물질로 만든 거예요. 비 에탄올　영 alcohol

4 물고기가 숨을 쉬는 구멍. (실험관찰❸-2, 28쪽)

　예) 물고기는 ○○○를 이용해 물속에서 숨을 쉬어요. 영 gill

6 텔레비전이나 라디오에서 방송되는 극. (사회❸-2, 69쪽)

　예) 일요일에 하는 주말 ○○○는 재미있고 인기가 좋아 시청률이 높아요. 영 drama

🔑 〈가로 열쇠〉

1 울릉도 동남쪽 50마일(약 80km) 해상에 있는 화산섬. (사회❸-2, 17쪽)

예) 우리나라 군인들은 1년 내내 더위와 추위에 맞서며 ○○를 지키고 있어요. ⑬ Dokdo
㉠ 獨島

4 물보다 가볍고 불을 붙이면 잘 타는 미끈미끈한 액체. (과학❸-2, 89쪽)

예) 주유소에서 차에 ○○을 넣었어요. ⑬ oil

5 말을 기르는 곳. (국어활동❸-2 가, 18쪽)

예) ○○○에 있던 말들이 모두 어디로 사라졌을까요? ⑬ stable   ㉠ 馬廏間

7 무엇이 불에 탈 때 생기는 기체. (사회❸-2, 103쪽)

예) 속담 아니 땐 굴뚝에 ○○ 날까? ⑬ smoke   ㉠ 煙氣

🔑 〈세로 열쇠〉

2 지형의 기본적인 윤곽만 그려 놓고, 다른 세부적인 것은 직접 기록할 수 있도록 한 지도. (사회❸-2, 52쪽)

예) 지역의 산, 강, 철도, 도로, 주요 시설 등을 ○○○에 그리고 색칠하세요. ⑬ a blank map
㉠ 白地圖

3 달걀이나 조개 따위의 겉을 싸고 있는 단단한 물질. (국어❸-2 가, 75쪽)

예) 어미닭이 알을 품은 지 약 21일이 지나면 병아리가 ○○○를 깨고 부화합니다. ⑭ 껍질
㉡ 알맹이   ⑬ shell

6 특유의 냄새와 매운맛이 있어 양념으로 널리 쓰이는 백합과의 여러해살이풀. (수학익힘❸-2, 27쪽)

예) *환웅은 곰과 호랑이에게 100일 동안 쑥과 ○○을 먹으면 사람이 될 수 있다고 말했어요.
⑬ garlic

* **환웅** : 단군 신화에 나오는 인물로 하늘의 신 환인의 아들.

🔍 〈가로 열쇠〉

1 아직 결혼하지 않은 젊은 여자 또는 젊은 아내를 부르는 말. (국어활동❸-2 가, 26쪽)

예) 속담 ○○가 고우면 처갓집 외양간 말뚝에도 절한다. 비 새색시 영 maiden

3 어떤 지역이나 단체가 서로 돕거나 교류하기 위해 친선 관계를 맺는 일. (사회❸-2, 40쪽)

예) 우리 학교는 농촌에 있는 초등 학교와 ○○○○을 맺었어요. 영 sisterhood relationship
漢 姉妹結緣

5 종이를 길게 이어서 만 것으로, 더러운 것을 닦을 때 사용함. (국어활동❸-2 가, 11쪽)

예) 화장실에 있는 ○○○○ 휴지 좀 갖다 줄래? 영 scroll

8 옷이나 천의 구김살을 펴는 데 쓰는 도구. (사회❸-2, 96쪽)

예) 뜨거운 ○○○로 옷의 주름을 펴요. 영 iron

🔍 〈세로 열쇠〉

2 시와 그림을 아울러 이르는 말. (국어활동❸-2 가, 10쪽)

예) 시에 어울리는 그림을 그려 멋진 ○○ 작품을 만들어 보세요. 영 poem and picture 漢 詩畵

4 끝에 이르러. (국어❸-2 가, 76쪽)

예) ○○ 바보 온달과 평강 공주는 결혼해서 행복하게 살았어요. 비 마침내 영 eventually 漢 結局

6 휴대하기 간편한 크기로 만든 작은 확대경. (실험관찰❸-2, 20쪽)

예) 맨눈으로 보기 어려운 아주 작은 동물을 관찰할 때는 돋보기나 ○○를 사용하면 편리해요.
영 loupe

7 곱슬곱슬하게 꼬부라진 머리털. (국어❸-2 가, 30쪽)

예) 내 동생은 눈은 크고 기다란 ○○○○를 가지고 있어요. 비 고수머리 영 ringlet

Q. 머리를 풀고 하늘로 올라가는 것은 뭐게?

A. 정답은 ☐☐ 입니다. (힌트 : 6-2에 나오는 낱말이에요)

다섯고개 놀이

Q.
1. 식물인가요?
   아니요, 동물입니다.

2. 날개가 있나요?
   예, 날개가 있습니다.

3. 몸집이 큰가요?
   예, 큰 편에 속합니다.

4. 물고기를 잡아먹나요?
   예, 들쥐도 잡아먹습니다.

5. '부엉' 소리를 내나요?
   아니요, '꽥꽥' 소리를 냅니다.

A. 정답은 ☐☐☐ 입니다. (힌트 : 6-1에 나오는 낱말이에요)

속담 퀴즈

○○을 버리고 깨를 줍는다.

휙—

*큰 이익을 버리고 보잘 것 없는 작은 이익을 구함을 빗댄 말.

A. 정답은 □□ 입니다. (힌트 : 6-2에 나오는 낱말이에요)

── 정 답 ──

6-1

	²알				⁴아				⁶드		
¹리	코	더		³왜	가	리		⁵콜	라	주
	올				미				마	

6-3

		¹색	²시					
			화					
³자	매	결	⁴연		⁵두	⁶루	마	리
		국		⁷곱		페		
				슬				
				머				
		⁸다	리	미				

6-2

	²백		³껍		⁵·⁶마	구	간	
	지		데		늘			
¹독	도		⁴기	름			⁷연	기

• 수수께끼 정답 : 연기 • 다섯 고개 놀이 정답 : 왜가리 • 속담 퀴즈 정답 : 기름

7-1 〈의자 모양〉 낱말 퍼즐

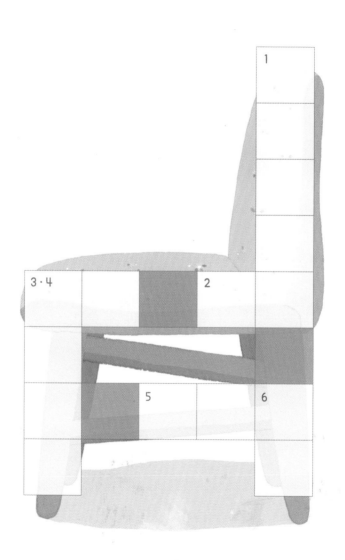

🔑 〈가로 열쇠〉

2 겨루거나 싸워서 이김. _(사회❸-2, 81쪽)

예) 비겁한 ○○보다 당당한 패배가 더 값지다. ⑪ 우승 ⑫ 패배 ㉯ win ㉴ 勝利

3 등받이와 팔걸이가 있는 푹신하고 편안한 긴 의자. _(국어활동❸-2 가, 43쪽)

예) 아빠는 ○○에 앉아 텔레비전을 보았어요. ㉯ sofa

5 분자가 분모와 같거나 분모보다 큰 분수. _(수학익힘❸-2, 69쪽)

예) 몸집에 비하여 머리가 큰 사람을 '○○○'라고 불러요. ㉯ improper fraction ㉴ 假分數

🔑 〈세로 열쇠〉

1 갓난아기에게 입히는 깃을 달지 않은 저고리. _(사회❸-2, 141쪽)

예) 이모는 곧 태어날 아기에게 입힐 ○○○○○를 준비했어요. ⑪ 배내옷

4 바닥이 파인 자리에서 물이 빙빙 돌며 흘러 나가는 현상. _(국어활동❸-2 가, 115쪽)

예) 물길이 세차게 ○○○○ 치는 급류에 휘말리고 말았어요. ⑪ 맴돌이 ㉯ whirlpool

6 바퀴를 달아 굴러가게 만든 기구. _(수학익힘❸-2, 78쪽)

예) 짐을 가득 실은 ○○를 끌고 비탈길을 오르는 할머니를 도와드렸어요. ⑪ 달구지 ㉯ wagon

🔍 〈가로 열쇠〉

2 바다에서 나는 물고기, 조개, 미역 따위의 산물. (사회❸-2, 32쪽)

  예) 우리나라는 삼면이 바다로 둘러싸여 있어 ○○○이 풍부해요. (비) 해물 (영) seafood (漢) 海産物

3 해서는 안 될 일을 기어이 해내려는 고집. (국어활동❸-2 가, 25쪽)

  예) 아이는 장난감을 사 달라고 ○○를 부렸어요. (영) obstinacy

5 오랫동안 되풀이하여 몸에 익은 채로 굳어진 행동. (국어활동❸-2 가, 98쪽)

  예) 어릴 때부터 일찍 자고 일찍 일어나는 ○○을 길러야 해요. (비) 버릇 (영) habit (漢) 習慣

7 등에는 *고둥 모양의 껍데기가 있으며, 머리에는 더듬이가 있는 연체동물. (과학❸-2, 30쪽)

  예) 풀잎에서 ○○○ 한 마리가 느릿느릿 기어가요. (영) snail

🔍 〈세로 열쇠〉

1 서울특별시 중구와 용산구 사이에 있는 높이 262m의 산. 목멱산.

  (사회❸-2, 10쪽)

  예) ○○ 위에 저 소나무 철갑을 두른 듯 바람서리 불변함은 우리 기상일세. (영) Namsan Mountain
(漢) 南山

4 현명하게 대처할 방도를 생각해 내는 정신 능력. (국어❸-2 가, 77쪽)

  예) 공주는 뛰어난 ○○로 무서운 용을 지치게 하여 잠재웠어요. (비) 슬기 (영) wisdom (漢) 智慧

6 물기가 서려 있는 축축한 기운. (과학❸-2, 75쪽)

  예) 우리나라는 여름은 덥고 ○○가 많지만, 겨울은 춥고 건조해요. (비) 물기 (영) moisture (漢) 濕氣

* **고둥** : 소라처럼 말려 있는 껍데기를 가지는 종류.

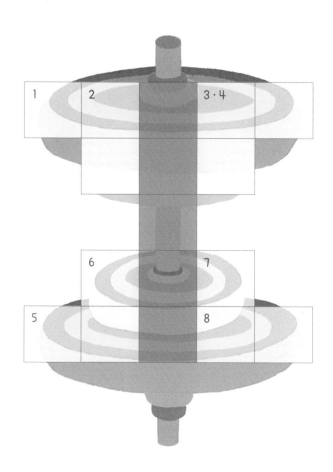

🔑 〈가로 열쇠〉

1 어떤 분야에 남달리 뛰어난 재주를 가진 사람. (수학❸-2, 170쪽)

예) 뭐든 음식을 잘 만드는 우리 엄마의 별명은 '요리의 ○○'이에요. ⓑ 명인 ⓑ 초보자
ⓔ expert ⓗ 達人

3 분수에서 가로줄 아래에 있는 수. (수학❸-2, 114쪽)

예) 분자가 ○○보다 작은 분수를 '진분수'라고 합니다. ⓔ denominator ⓗ 分母

5 곡식을 갈아 가루를 만드는 데 쓰이는 위아래 두 짝으로 된 둥글넓적한 돌. (사회❸-2, 97쪽)

예) 이 두부는 콩을 직접 ○○에 갈아 만든 거예요. ⓑ 돌매 ⓔ millstone

8 불을 붙여 주변을 밝히는 데 쓰는 서양식 초. (과학❸-2, 120쪽)

예) 촛대에 꽂혀 있는 ○○에 불을 붙였어요. ⓑ 초 ⓔ candle

🔑 〈세로 열쇠〉

2 불에 달구어 천의 구김살을 펴는 데 쓰는 기구. (사회❸-2, 96쪽)

예) 옛날 사람들은 화롯불에 달군 ○○로 다림질을 했어요. ⓔ iron

4 분수에서 가로줄 위에 있는 수. (수학❸-2, 114쪽)

예) 분수의 덧셈에서 분모가 서로 같을 때는 ○○끼리 더하면 됩니다. ⓔ numerator ⓗ 分子

6 아궁이에서 불을 때면 불기운이 방고래를 통해 퍼지도록 하여 방바닥 전체를 덥게 하는 난방 장치. (사회❸-2, 103쪽)

예) 오늘날의 난방 장치인 보일러는 옛날의 ○○ 방식을 활용한 것이에요. ⓑ 구들 ⓗ 溫突

7 서울의 옛 이름. (국어활동❸-2 가, 18쪽)

예) 조선을 건국한 태조 이성계는 ○○을 도읍지로 정했어요. ⓗ 漢陽

수수 7게 끼

Q. 집을 등에 업고 걸어다니는 것은 뭐게?

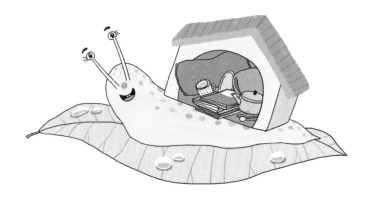

A. 정답은 □□□ 입니다. (힌트 : 7-2에 나오는 낱말이에요)

다섯 고개 놀이

Q.
1. 옛날 생활 용품인가요?
   예, 그렇습니다.

2. 흙으로 만들었나요?
   아니요, 돌로 만들었습니다.

3. 위아래 두 짝으로 되어 있나요?
   예, 그렇습니다.

4. 밥을 지을 때 쓰이나요?
   아니요, 곡식을 갈 때 씁니다.

5. 손잡이를 '어처구니'라고 하나요?
   예, 그렇습니다.

A. 정답은 □□ 입니다. (힌트 : 7-3에 나오는 낱말이에요)

○○에서 돌팔매질을 하면 김씨나 이씨 집 마당에 다 떨어진다.

*우리나라 사람의 성에 김씨와 이씨가 많다는 말.

A. 정답은 □□ 입니다. (힌트 : 7-2에 나오는 낱말이에요)

정 답

7-1

|¹배|
|냇|
|저|
|고|

|³·⁴소|파| |²승|리|
|용| | | |
|돌| |⁵가|분|⁶수|
|이| | | |레|

7-2

		남		
	²해	산	물	
³억	⁴지			⁵·⁶습	관
	혜	**7-2**		기
		⁷달	팽	이

7-3

¹달	²인		³·⁴분	모
	두			자
	⁶온		⁷한	
⁵맷	돌		⁸양	초

• 수수께끼 정답 : 달팽이 • 다섯 고개 놀이 정답 : 맷돌 • 속담 퀴즈 정답 : 남산

8-1 〈상어 모양〉 낱말 퍼즐

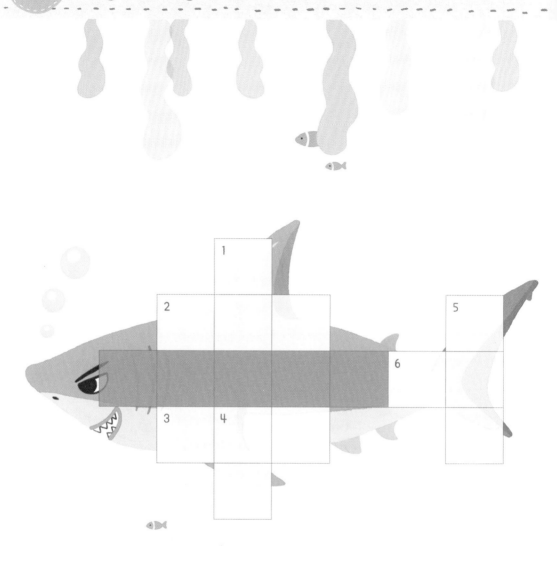

🔑 〈가로 열쇠〉

2 쓸데없이 자질구레한 말을 늘어놓음. (국어활동❸-2 가, 8쪽)

  예) 우리 엄마는 매일 '공부해라, 숙제해라' 등 ○○○가 너무 심해요. ⓑ 잔말 ⓔ nitpicking

3 갑자기 빠른 동작으로 뛰거나 몸을 움직이는 모양. (사회❸-2, 82쪽)

  예) 친구가 부르는 소리에 밥을 먹다가 ○○○ 밖으로 뛰쳐나갔어요. ⓔ quickly

6 일정 기간 동안 음식을 먹지 않음. (사회❸-2, 133쪽)

  예) 이슬람교에서 *라마단 기간에는 해가 뜰 때부터 질 때까지 ○○을 하면서 경건하게 지내요.
  ⓑ 단식 ⓔ fast ㊂ 禁食

🔑 〈세로 열쇠〉

1 소의 암컷. (국어활동❸-2 가, 20쪽)

  예) 우리 집 ○○가 새끼를 낳았어요. ⓐ 수소 ⓔ cow

4 어떤 일을 반드시 해내겠다는 굳건한 마음가짐. (국어❸-2 나, 240쪽)

  예) 나는 자랑스러운 태극기 앞에 충성을 다할 것을 굳게 ○○합니다. ⓑ 맹세 ⓔ resolution

5 옷, 음식, 집을 통틀어 이르는 말. (사회❸-2, 70쪽)

  예) ○○○는 사람이 살아가는 데 없어서는 안 될 중요한 것들이에요. ㊂ 衣食住

---

* **라마단** : 이슬람교에서 이슬람력의 아홉 번째 달로, 해가 뜰 때부터 질 때까지 식사, 흡연, 음주를 하지 않음.

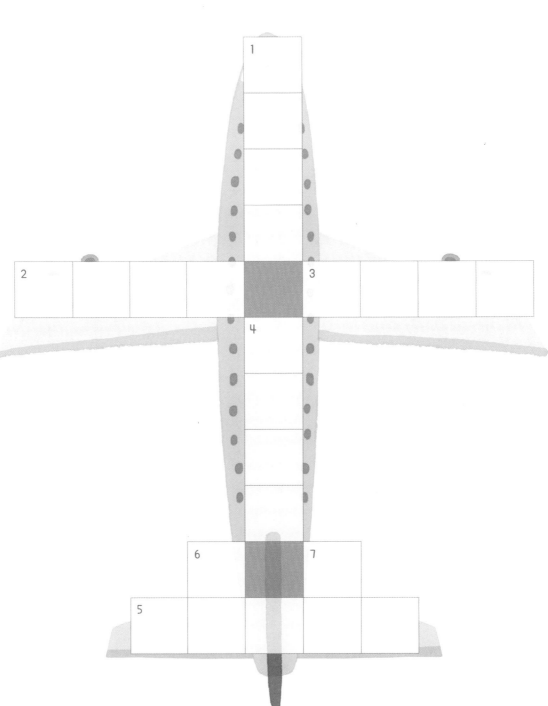

2 돌이나 벽돌을 쌓아 만든 사각뿔 모양의 거대한 무덤. (수학❸-2, 132쪽)

예) 이집트는 ○○○○와 스핑크스로 유명한 나라예요. (비) 금자탑 (영) pyramid

3 1리터의 1000분의 1. 기호는 mL. (수학❸-2, 143쪽)

예) 매일 아침 동생과 나는 각각 200○○○○의 우유를 마셔요. (영) milliliter

5 온갖 병을 고치는 데 쓰는 약. (국어❸-2 나, 201쪽)

예) 산신령은 할머니에게 ○○○○○이라는 산삼을 주었어요. (영) panacea (漢) 萬病通治藥

1 날카롭고 단단한 부리로 나무에 구멍을 내어 그 속에 있는 벌레를 잡아
먹는 새. (국어❸-2 나, 257쪽)

예) ○○○○는 나무를 입으로 딱딱딱 소리를 내며 쪼아요. (영) woodpecker

4 긴 발끝에 방수성 털이 있어 물 위를 잘 다니는 작은 곤충. (과학❸-2, 25쪽)

예) ○○○○가 물 위를 미끄러지듯 헤엄치는 모습은 마치 연못의 스케이트 선수 같아요.
(영) water strider

6 거짓으로 아픈 시늉을 하는 병. (국어❸-2 가, 33쪽)

예) 동생은 학교에 가기 싫은지 일부러 ○○을 부렸어요. (영) fake illness

7 검푸른 등에 배는 은백색이며 크기가 작은 바닷물고기. (사회❸-2, 32쪽)

예) 우유와 ○○에는 칼슘이 많이 들어 있어요. (영) anchovy

<가로 열쇠>

1 시루떡의 하나로, 멥쌀가루에 설탕물을 내려 시루에 앉혀 찐 떡. (사회❸-2, 142쪽)

예) ○○○는 '눈처럼 흰 떡'이라는 뜻으로 보통 백일 잔치에 만들어 먹어요. (비) 설기
(영) steamde rice cakes

3 짤막한 나무토막을 긴 막대기로 쳐서 날아간 거리를 재어 승부를 겨루
는 놀이. (사회❸-2, 87쪽)

예) 옛날 아이들은 *실뜨기, ○○○, *땅따먹기, *비사치기, 고무줄놀이를 하며 놀았어요.

4 보고하는 내용을 적은 글. (과학❸-2, 16쪽)

예) 여름 방학 때 다녀온 불국사 답사 ○○○를 작성했어요. (영) report (漢) 報告書

6 서로 다른 내용을 이어 줄 때 쓰는 말. (국어❸-2 나, 224쪽)

예) 공부해야 한다는 거 알아요. ○○○ 조금 더 놀고 싶어요. (비) 그렇지만 (영) but

8 전라북도 진안군에 있는 산. (사회❸-2, 11쪽)

예) 산의 모양이 말의 귀처럼 생겨서 '○○○'이라고 불러요. (漢) 馬耳山

<세로 열쇠>

2 고춧가루를 쓰지 않거나 적게 써서 허옇게 담근 김치. (사회❸-2, 101쪽)

예) 날씨가 추운 우리나라 북부 지역에서는 ○○○, 동치미와 같은 김치를 담가 먹었어요.

5 동물이 보금자리를 만들어 사는 장소. (과학❸-2, 50쪽)

예) 판다의 ○○○는 대나무 숲이에요. (영) habitat (漢) 棲息地

7 고무줄을 양쪽에서 잡아 주면 노래에 맞추어 고무줄을 걸거나 가로지
르며 노는 여자 아이들의 놀이. (사회❸-2, 87쪽)

예) 옛날 남자 아이들은 비사치기를, 여자 아이들은 ○○○○○를 하며 놀았어요. (비) 고무줄뛰기

---

* **실뜨기** : 실의 두 끝을 맞매어서 양쪽 손가락에 얽어 두 사람이 번갈아가며 여러 가지 모양을 만드는 놀이.
* **땅따먹기** : 각자 땅을 정하여 말을 퉁겨 땅을 빼앗는 놀이.
* **비사치기** : 손바닥만 한 납작한 돌을 세워 놓고 얼마쯤 떨어진 곳에서 돌을 던져 맞히거나 돌을 차서 넘어뜨리는 놀이.

수수께끼

Q. 세상에서 가장 빠른 닭은 뭐게?

A. 정답은 □□□ 입니다. (힌트 : 8-1에 나오는 낱말이에요)

다섯고개놀이

Q.
1. 동물인가요?
   예, 동물입니다.

2. 땅에서 사나요?
   아니요, 바다에서 삽니다.

3. 몸집이 큰가요?
   아니요, 아주 작습니다.

4. 혼자 다니나요?
   아니요, 떼를 지어 다닙니다.

5. '칼슘의 제왕'이라고도 불리나요?
   예, 그렇습니다.

A. 정답은 □□ 입니다. (힌트 : 8-2에 나오는 낱말이에요)

속담 퀴즈

앓는 병에는 죽지 않아도
○○에는 죽는다.

＊병에 걸리면 여러 가지 약을 써 고칠 수 있으나 꾀병은 자신도 모르게 위험에 빠져
목숨을 잃을 수도 있다는 뜻.

A. 정답은 □□ 입니다. (힌트 : 8-2에 나오는 낱말이에요)

정 답

8-1

	¹암			
²잔	소	리		⁵의
			⁶금	식
³후	⁴다	닥		주
	짐			

8-2

¹딱			
따			
구			
리			
²피 라 미 드   ³밀 리 리 터
⁴소
금
쟁
이
⁶꾀   ⁷멸
⁵만 병 통 치 약

8-3

¹·²백	설	기		⁴보	고	⁵서
김		⁷고				식
³자	치	기		⁶하	지	만
		무				
		줄				
		놀				
		⁸마	이	산		

• 수수께끼 정답 : 후다닥 • 다섯 고개 놀이 정답 : 멸치 • 속담 퀴즈 정답 : 꾀병

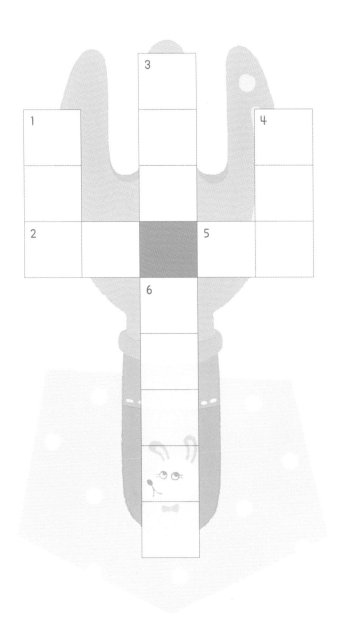

2 개암나무의 열매. (국어❸-2 나, 304쪽)

예) 도토리와 비슷하게 생긴 ○○은 밤과 맛이 비슷하지만 더 고소해요. 영 hazelnut

5 짚으로 삼아 만든 신. (사회❸-2, 73쪽)

예) 옛날 사람들은 평소에 짚으로 만든 ○○을 신고 다녔어요. 비 미투리 영 straw shoes

1 볼에 오목하게 들어가는 자국. (국어❸-2 나, 226쪽)

예) 동생은 웃을 때 ○○○가 쏙 들어가요. 영 dimple

3 꼬리가 아홉 개 달린 천 년 묵은 여우. (수학익힘❸-2, 118쪽)

예) ○○○는 예쁜 여자로 변신해 사람들을 홀려 간을 빼먹는대요. 漢 九尾狐

4 나무를 파서 만든 신. (사회❸-2, 73쪽)

예) 비가 오는 날에는 나무로 만든 ○○○을 신었어요. 영 wooden shoes

6 나무에서 나무로 날아다니며 사는 다람쥐. 천연 기념물 제328호. (과학❸-2, 47쪽)

예) ○○○○○는 앞발과 뒷발 사이에 피부가 늘어져 있어 하늘을 날 수 있어요.
영 flying squirrel

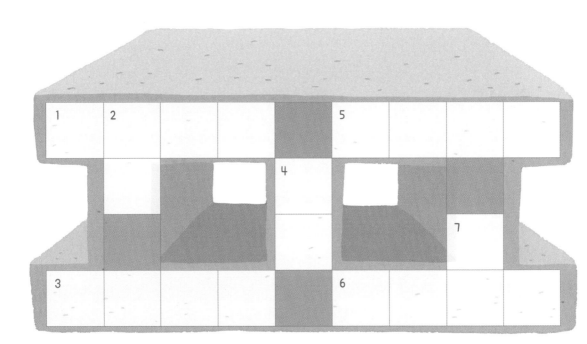

1 자연 현상으로 인하여 일어나는 재해. (사회❸-2, 43쪽)

예) 우리에게 큰 피해를 주는 ○○○○에는 태풍, 가뭄, 홍수, 지진, 화산 폭발, 해일 등이 있어요.
⑪ 기상 재해 ⑲ natural disaster ㊐ 自然災害

3 1그램의 1000배. 기호는 kg. (수학❸-2, 155쪽)

예) 네 몸무게는 몇 ○○○○이야? ⑲ kilogram

5 쇠를 먹고 산다는 상상의 동물. 또는 바닷속에서 생활하는 몸은 편평하며 별 모양이나 오각형으로 되어 있는 동물. (국어❸-2 나, 248쪽)

예) ○○○○는 곰의 몸에 코끼리의 코, 무소의 눈, 범의 다리, 소의 꼬리 모양을 하고 있대요.
⑲ starfish

6 별주부인 자라를 주인공으로 하는 판소리계 소설. (국어❸-2 나, 189쪽)

예) ○○○○의 '별'은 자라, '주부'는 벼슬 이름, '전'은 이야기를 뜻해요. ㊐ 鼈主簿傳

2 연꽃을 심은 못. (과학❸-2, 24쪽)

예) 풀밭에서 갑자기 개구리가 폴짝 뛰어나오더니 ○○ 속으로 퐁당 들어갔어요. ⑪ 못 ⑲ pond

4 둥글고 짧은 나무의 한쪽 끝을 뾰족하게 깎아서 쇠구슬 따위의 심을 박아 만든 장난감. (사회❸-2 나, 88쪽)

예) 추운 겨울에 친구들과 함께 얼음판 위에서 ○○를 치며 놀았어요. ⑲ top

7 안쪽의 부분. (과학❸-2, 57쪽)

예) 우리 동네 빵집은 유리로 되어 있어 ○○가 훤히 다 보여요. ⑫ 외부 ⑲ interior ㊐ 內部

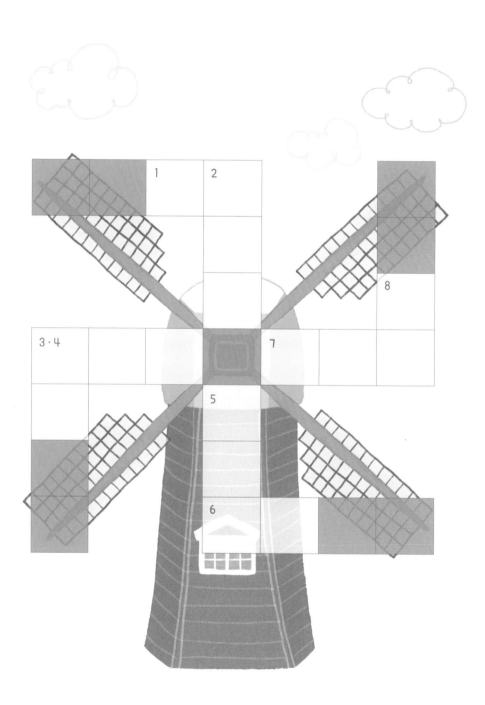

〈가로 열쇠〉

1 부부 사이에서 서로를 부르는 말. (국어❸-2 나, 309쪽)

　예) ○○, 오늘은 우리 결혼 기념일이니까 일찍 오세요. 영 honey

3 작은 널빤지인 너와로 지붕을 덮은 집. (사회❸-2, 129쪽)

　예) 짚으로는 초가집을, 작은 나무 널빤지로는 ○○○을 지었어요. 비 너새집

6 임금을 섬기어 벼슬하는 사람. (국어❸-2 나, 190쪽)

　예) 유교에서는 왕의 뜻을 잘 받드는 것이 ○○의 도리라고 여겼어요. 반 왕　영 vassal　漢 臣下

7 땅속에 묻힌 나무줄기 속으로 이산화규소가 스며들어서 굳어 화석이
　된 것. (과학❸-2, 77쪽)

　예) 식물원에서 본 ○○○은 나무인지 돌인지 구별하기 힘들었어요. 영 silicifed wood　漢 硅化木

〈세로 열쇠〉

2 귀가 잘 들리지 않는 사람이 청력을 보강하기 위해 귀에 꽂는 기구.

　(실험관찰❸-2, 70쪽)

　예) 할머니는 귀에 ○○○를 꽂은 뒤에야 사람들이 하는 이야기를 들을 수 있었어요.
　영 hearing aid　漢 補聽器

4 듣는 이가 친구나 아랫사람일 때, 그 사람들을 가리키는 말. (수학익힘❸-2, 60쪽)

　예) ○○끼리만 놀지 말고 동생도 함께 데리고 놀래? 영 you

5 어떤 고통에도 죽지 않고 견디는 강한 몸. (국어❸-2 나, 248쪽)

　예) 불가사리는 죽지 않는 ○○○이고, 재앙을 막아 주는 수호신이래요. 비 불사조　漢 不死身

8 내용을 대표하기 위해 붙이는 이름. (수학익힘❸-2, 109쪽)

　예) 요즘 제일 재미있는 소설책 ○○이 뭐야? 비 표제　영 title　漢 題目

수수께끼

Q. 때리면 살아나고 안 때리면 죽는 것은 뭐게?

A. 정답은 □□ 입니다. (힌트 : 9-2에 나오는 낱말이에요)

다섯고개 놀이

Q.
1. 옛날 생활용품인가요?
   예, 그렇습니다.

2. 돌로 만들었나요?
   아니요, 나무로 만들었습니다.

3. 가구인가요?
   아니요, 신발입니다.

4. 비올 때 신나요?
   예, 그렇습니다.

5. '나무신'이라고도 부르나요?
   예, 그렇습니다.

A. 정답은 □□□ 입니다. (힌트 : 9-1에 나오는 낱말이에요)

속담 퀴즈

○○도 제 짝이 있다.

*보잘 것 없는 사람도 제 짝이 있다는 뜻.

A. 정답은 □□ 입니다. (힌트 : 9–1에 나오는 낱말이에요)

정답

9-1

		3 구		
1 보		미		4 나
조		호		막
2 개	암	■	5 짚	신
		6 하		
		늘		
		다		
		람		
		쥐		

9-2

1 자	2 연	재	해	■	5 불	가	사	리
	못			4 팽			■	
	■			이			7 내	
3 킬	로	그	램	■	6 별	주	부	전

9-3

■	■	1 여	2 보			■
			청			■
			기			8 제
3·4 너	와	집	■	7 규	화	목
희			5 불			
■			사			
■			6 신	하	■	■

• **수수께끼 정답** : 팽이 • **다섯 고개 놀이 정답** : 나막신 • **속담 퀴즈 정답** : 짚신

🔍 〈가로 열쇠〉

1 어머니와 아버지를 아울러 이르는 말. (국어❸-2 나, 193쪽)

　예) 5월 8일은 ○○○날이에요. ⓗ 부모　ⓔ parents

3 액체를 붓는 데 쓰는 나팔 모양의 기구. (과학❸-2, 84쪽)

　예) ○○○는 주둥이가 좁은 그릇에 액체를 옮겨 담을 때 쓰여요. ⓔ funnel

6 가자미를 삭혀서 만든 함경도 고유의 젓갈. (사회❸-2, 104쪽)

　예) ○○○○○는 가자미에 조밥과 고춧가루, 무채, 엿기름을 한데 버무려 삭힌 음식이에요.

🔍 〈세로 열쇠〉

2 한 어머니에게서 한꺼번에 태어난 두 아이. (국어활동❸-2 나, 217쪽)

　예) 내 친구는 ○○○라서 누가 형이고 동생인지 구별하기 힘들어요. ⓗ 쌍생아　ⓔ twins

4 어린 햇닭의 내장을 빼내고 그 안에 인삼, 찹쌀, 대추 등을 넣어 고아 만든 보양 음식. (사회❸-2, 77쪽)

　예) 우리 조상들은 더운 여름에는 ○○○을, 추운 겨울에는 팥죽을 끓여 먹었어요. ⓗ 蔘鷄湯

5 무를 소금물에 담가 익힌 무김치. (사회❸-2, 101쪽)

　예) 아빠는 얼음이 동동 뜬 ○○○ 국물에 국수를 말아 드시는 걸 제일 좋아해요.

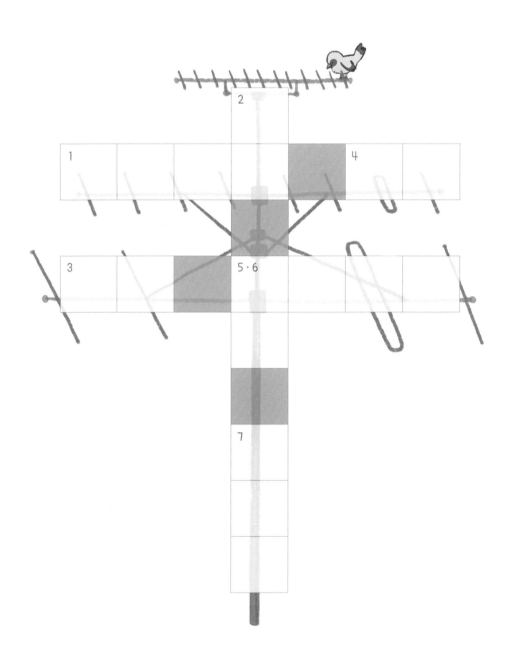

🔍 〈가로 열쇠〉

1 몸의 균형을 유지하거나 헤엄치는 데 쓰는 기관. (과학❸-2, 41쪽)

예) 물고기는 ○○○○를 이용해 헤엄을 쳐요. ⑧ fin

3 숨기어 남에게 드러내지 않거나 알리지 말아야 할 일. (국어❸-2 나, 226쪽)

예) 쉿, 이건 ○○이니까 아무한테도 말하지 마. ⑪ 기밀 ⑧ secret ㉠ 秘密

4 남부 아시아에 있는 국가. 수도는 뉴델리. (사회❸-2, 156쪽)

예) 세계에서 일곱 번째로 큰 국토 면적을 갖고 있는 ○○는 카레로 유명한 나라예요. ⑧ India
㉠ 印度

5 재산이 많고 지위가 높으며 귀하게 되어서 세상에 드러나 온갖 영광을
누림. (국어❸-2 나, 199쪽)

예) 못난이 공주는 온갖 ○○○○를 누리고 살았지만 청혼하는 왕자가 없어 슬펐어요. ㉠ 富貴榮華

🔍 〈세로 열쇠〉

2 바다 밑바닥에 살며 몸은 타원형으로 납작한 물고기. (국어❸-2 나, 190쪽)

예) '생선의 왕'이라고도 불리는 ○○는 줄여서 '돔'이라고도 해요. ⑧ sparidae

6 경상남도 남동부에 있는 광역시. (사회❸-2, 24쪽)

예) 해운대와 태종대로 유명한 ○○은 서울 다음으로 큰 도시예요. ⑧ Busan ㉠ 釜山

7 자유롭게 펴고 오므릴 수 있는 두 다리를 가진 제도용 기구. (수학❸-2, 82쪽)

예) ○○○를 사용하여 서로 다른 크기의 원을 그리세요. ⑪ 양각기 ⑧ compass

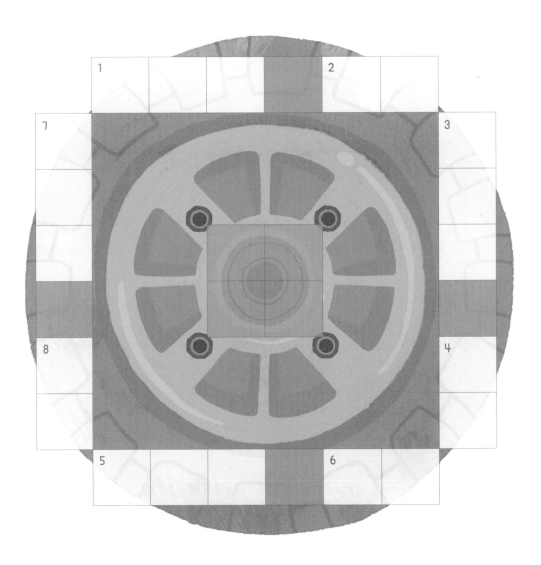

1 2
7 3
8 4
5 6

〈가로 열쇠〉

1 땅속의 토사 · 암석 따위의 빈틈을 채우고 있는 물. (과학❸-2, 66쪽)

　예) 쓰레기 매립으로 인해 ○○○가 오염되고 있어요. ⑧ underground water ㉠ 地下水

2 여러 사람의 입에 오르내려 전해지는 말. (국어❸-2 나, 198쪽)

　예) 속담 나쁜 ○○은 빨리 퍼진다. ⑧ rumor ㉠ 所聞

5 원의 중심과 원 위의 한 점을 이은 선분. (수학❸-2, 80쪽)

　예) 원의 지름은 ○○○의 2배예요. ⑧ radius

6 물건을 소유한 사람. (국어❸-2 나, 300쪽)

　예) 이 밭의 ○○가 누구요? ㉣ 주인 ⑧ owner

〈세로 열쇠〉

3 크고 우묵한 솥. (사회❸-2, 97쪽)

　예) 하늘 천 따 지 ○○○에 누룽지. ⑧ iron pot

4 임금의 아내. (사회❸-2, 137쪽)

　예) 결혼식 때 신부는 ○○처럼 신분이 높고 귀하다고 해 화려한 예복을 입었어요. ㉣ 왕후 ㉥ 왕 ⑧ queen ㉠ 王妃

7 몸은 넓적한 마름모 모양이고 꼬리가 긴 바닷물고기. (과학❸-2, 42쪽)

　예) ○○○의 꼬리에는 독가시가 있으니 찔리지 않도록 조심하세요. ㉣ 홍어 ⑧ ray

8 사람이 들어가서 살 수 있게 지은 건물. (사회❸-2, 79쪽)

　예) 우리 할아버지는 아파트가 아닌 단독 ○○에서 살고 싶으시대요. ㉣ 집 ⑧ house ㉠ 住宅

수수께끼

Q. 차도가 없는 나라는 어디게?

India

A. 정답은 ⬜⬜ 입니다. (힌트 : 10-2에 나오는 낱말이에요)

다섯고개 놀이

Q.
1. 옛날 생활 용품인가요?
   예, 그렇습니다.

2. 나무로 만들었나요?
   아니요, 쇠로 만들었습니다.

3. 검은색인가요?
   예, 그렇습니다.

4. 곡식을 찧을 때 쓰나요?
   아니요, 밥을 지을 때 사용합니다.

5. 누룽지가 잘 만들어지나요?
   예, 그렇습니다.

A. 정답은 ⬜⬜⬜ 입니다. (힌트 : 10-3에 나오는 낱말이에요)

○○난 잔치에 먹을 것 없다.

*떠들썩한 소문이나 큰 기대에
비해 실속이 없거나 소문이 실제
와 일치하지 않는 경우를 빗댄 말.

A. 정답은 ☐☐ 입니다. (힌트 : 10-3에 나오는 낱말이에요)

⟨ 정 답 ⟩

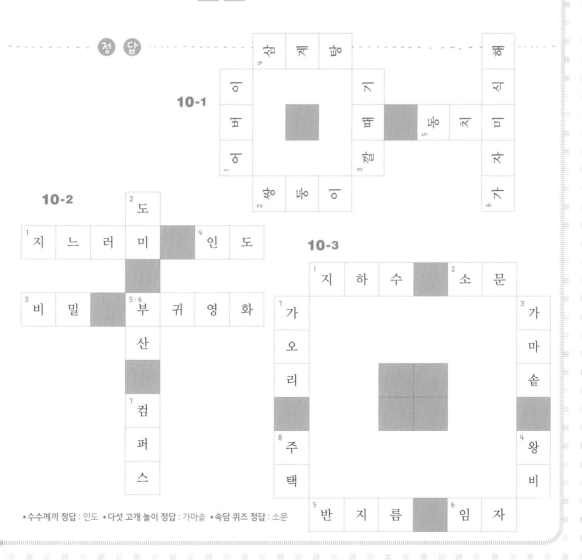

10-1

	⁴삼	계	탕						⁸해
⁴이					⁷기				식
불					ᄤ		⁵동 지	미
상					³갈				자
	²짱	보	이						⁶가

10-2

		²도			⁴인	도
¹지	느	러	미			
³비	밀		⁵·⁶부	귀	영	화
			산			
			⁷컴			
			퍼			
			스			

10-3

¹지	하	수		²소	문	
⁷가						³가
오						마
리						솥
⁸주						⁴왕
택						비
⁵반	지	름		⁶임	자	

🔑 〈가로 열쇠〉

1 지구 표면의 상태를 일정한 비율로 줄여 평면에 나타낸 그림. (사회❹-1, 14쪽)

예) 우리나라 ○○는 용감한 호랑이 모양을 닮았어요. 영 map 漢 地圖

3 피하거나 쫓겨 달아남. (국어❹-1 가, 22쪽)

예) 도둑은 '걸음아 날 살려라' 하고 ○○을 쳤어요. 비 도주 영 escape 漢 逃亡

5 열매가 땅속에서 열리는 콩. (과학❹-1, 123쪽)

예) 오징어를 먹을 때 ○○과 함께 먹으면 더욱 맛있어요. 비 호콩 영 peanut

🔑 〈세로 열쇠〉

2 땅 속에 묻혀 있는 자원. (사회❹-1, 32쪽)

예) 석탄, 석유와 같이 우리 생활에 도움을 주는 광산물을 '○○○○'이라고 해요.
영 underground resources 漢 地下資源

4 열매에 갈고리 모양의 가시가 있어 사람의 옷에 잘 들러붙는 풀.

(국어❹-1 가, 109쪽)

예) ○○○○○은 동물의 몸에 들러붙는 방법을 이용해 자손을 퍼뜨려요. 영 Spanish needles

6 콩에 물을 주어 콩나물을 키우는 둥근 질그릇. (국어활동❹-1 가, 76쪽)

예) 할머니께서는 ○○○○○를 방 안에 두고 직접 콩나물을 길렀어요.

🔑 〈가로 열쇠〉

1 벼의 씨. (과학❹-1, 59쪽)

　예) 농부는 다음 해 벼농사의 종자로 쓸 ○○를 소중히 보관했어요. 영 rice seed

4 만의 백 배가 되는 수. (수학익힘❹-1, 13쪽)

　예) 100000이 1000이면 10000000이라 쓰고 ○○이라고 읽습니다. 영 million 漢 百萬

6 죄인의 행동이 자유롭지 못하도록 양쪽 손목에 걸쳐서 채우는 쇠붙이
　로 만든 기구. (국어❹-1 가, 84쪽)

　예) 형사는 범인의 손목에 ○○○을 채웠어요. 비 수갑 영 handcuffs

🔑 〈세로 열쇠〉

2 식물의 씨앗 속에 있는 배. (과학❹-1, 62쪽)

　예) 감자의 싹에 있는 ○○은 독성이 있으므로 제거하고 먹어야 해요. 비 배아 영 embryo

3 바다에 사는 문어 비슷한 동물로 여덟 개의 다리를 가지고 있음. (사회❹-1, 20쪽)

　예) 개구리가 ○○를 먹으면 무엇이 될까? 개구락지. 영 small octopus

5 억의 백 배가 되는 수. (수학❹-1, 19쪽)

　예) 1000000000이 1000이면 100000000000이라 쓰고 ○○이라고 읽습니다. 영 ten billion 漢 百億

7 유인원 중 가장 큰 동물. (국어❹-1 가, 128쪽)

　예) 킹콩은 엄청난 힘을 가진 거대한 ○○○를 주인공으로 한 영화예요. 영 gorilla

〈고양이 모양〉 낱말 퍼즐

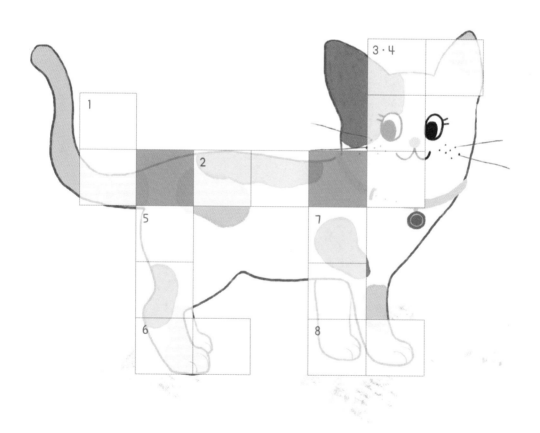

2 불을 땔 때에 연기가 밖으로 빠져나가게 만든 구조물. (국어활동❹-1 가, 75쪽)

예) 산타클로스는 지붕의 ○○을 타고 들어와 양말 속에 선물을 넣어 준대요. 영 chimney

3 어린아이를 귀엽게 이르는 말. (과학❹-1, 56쪽)

예) 귀여운 ○○가 닭장에 가서 암탉을 잡으려다 놓쳤다네. 비 꼬마둥이 영 kid

6 목적하는 바를 이룸. (국어❹-1 가, 117쪽)

예) 실패는 ○○의 어머니다. 반 실패 영 success 漢 成功

8 들이나 산, 바닷가와 같은 곳에서 농사를 짓거나 고기잡이를 하면서 살아가는 곳. (사회❹-1, 10쪽)

예) 농사를 짓고 평평한 곳에 자리 잡은 ○○을 '농촌'이라고 해요. 비 마을 영 village 漢 村落

1 착하고 좋은 점을 높이 평가함. (국어활동❹-1 가, 41쪽)

예) 속담 ○○은 고래도 춤추게 한다. 영 praise 漢 稱讚

4 콩과 식물의 열매를 싸고 있는 껍질. (실험관찰❹-1, 43쪽)

예) 한 개의 ○○○ 속에 완두콩 다섯 알이 나란히 들어 있어요. 영 pod

5 낮에는 쉬고 밤에 활동하는 동물의 습성. (국어❹-1 가, 110쪽)

예) 올빼미와 부엉이는 ○○○ 동물이에요. 반 주행성 영 nocturnal 漢 夜行性

7 산속에 자리 잡은 촌락. (사회❹-1, 32쪽)

예) ○○○에 사는 사람들은 산비탈의 밭에서 채소를 재배하거나 목장에서 일해요.
영 mountain village 漢 山地村

Q. 공은 공인데 사람들이 가장 좋아하는 공은 뭐게?

A. 정답은 □□ 입니다. (힌트 : 11-3에 나오는 낱말이에요)

다섯고개 놀이

Q.
1. 식물인가요?

아니요, 동물입니다.

2. 바다에서 사나요?

예, 바다에서 삽니다.

3. 먹물을 내뿜고 도망가나요?

예, 그렇습니다.

4. 다리가 10개인가요?

아니요, 8개입니다.

5. 문어와 비슷하게 생겼나요?

예, 많이 닮았습니다.

A. 정답은 □□ 입니다. (힌트 : 11-2에 나오는 낱말이에요)

속담 퀴즈

아니 땐 ○○에 연기 날까.

*원인이 없으면 결과가 있을 수 없음을 빗댄 말.

A. 정답은 □□ 입니다. (힌트 : 11-3에 나오는 낱말이에요)

••• 정 답 •••

11-2

			³낙			
¹볍	²씨		지		⁴·⁵백	만
	눈				억	
		⁶쇠	⁷고	랑		
			릴			
			라			

11-1

		³·⁴도	망		⁵땅	⁶콩
·²지	도	깨				나
하		비				물
자		바				시
원		늘				루

11-3

					³·⁴꼬	마
¹칭					투	
찬		²굴	뚝		리	
⁵야				⁷산		
행				지		
⁶성	공			⁸촌	락	

• 수수께끼 정답 : 성공 • 다섯 고개 놀이 정답 : 낙지 • 속담 퀴즈 정답 : 굴뚝

3 어떤 물질이 불에 탈 때 연기에 섞여서 나오는 먼지 모양의 검은 가루.

(국어활동❹-1 가, 77쪽)

예) 이 난로는 ○○○이 많이 나요. ⓗ 검댕 ⓔ soot

6 마그마가 땅속 깊은 곳에서 서서히 식어 굳은 암석. (실험관찰❹-1, 51쪽)

예) 북한산은 밝은 색의 ○○○으로 이루어져 있어요. ⓗ 화강석 ⓔ granite ⓗ 花崗巖

1 어떤 수를 다른 수로 나누는 계산. (수학❹-1, 61쪽)

예) 사칙연산에는 덧셈, 뺄셈, 곱셈, ○○○이 있어요. ⓗ 나누기 ⓔ division

2 못 쓰게 되어 내다 버릴 물건을 통틀어 말함. (사회❹-1, 128쪽)

예) 주민 자치 위원회에서는 골목에 버려진 ○○○를 청소했어요. ⓗ 오물 ⓔ waste

4 유럽 동남부 발칸 반도의 남쪽 끝에 위치한 공화국. 수도는 아테네.

(국어❹-1 가, 115쪽)

예) ○○○ 로마 신화는 올림포스 산에 사는 12명의 신에 대한 이야기예요. ⓔ Greece

5 마그마가 땅위로 분출하거나 지표 부근에서 빠르게 식어 굳은 암석.

(과학❹-1, 101쪽)

예) 구멍이 송송 뚫린 ○○○은 제주도에서 흔히 볼 수 있는 암석이에요. ⓔ basalt ⓗ 玄武巖

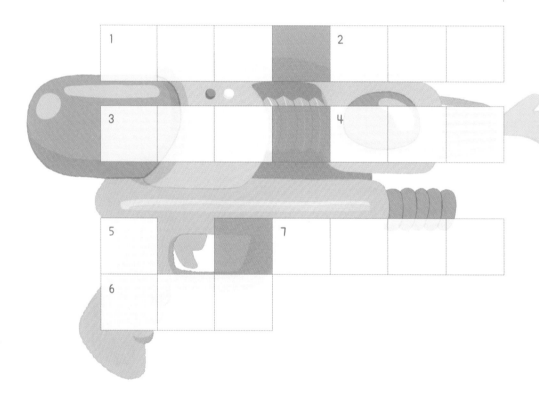

🔑 〈가로 열쇠〉

1 원래 살쾡이를 길들인 것으로, 쥐를 잘 잡는 동물. (국어❹-1 가, 8쪽)

예) 속담 ○○○보고 반찬 가게 지켜 달라는 격이다. 영 cat

2 북아메리카 대륙 북부에 있는 나라. 수도는 오타와. (사회❹-1, 69쪽)

예) ○○○는 세계에서 러시아 다음으로 땅이 넓은 나라예요. 영 Canada

3 제주도의 중앙에 있는 산. (과학❹-1, 92쪽)

예) 백두산과 ○○○은 우리나라의 대표적인 화산이에요. 영 Hallasan Mountain 漢 漢拏山

4 학생이 책이나 공책 등 학용품을 넣어 가지고 다니는 가방. (국어❹-1 가, 35쪽)

예) 입학식에 동생은 ○○○을 메고 학교에 갔어요. 비 책보 영 book bag

6 각도를 재는 기구. (수학익힘❹-1, 49쪽)

예) ○○○를 이용하여 각의 크기를 재어 보세요. 영 protractor 漢 角度器

7 좋아하여 가까이 두고 귀여워하며 기르는 동물. (국어❹-1 가, 9쪽)

예) 개와 고양이는 집에서 기르는 대표적인 ○○○○이에요. 영 pet 漢 愛玩動物

🔑 〈세로 열쇠〉

5 90도보다는 크고 180도보다는 작은 각. (수학❹-1, 85쪽)

예) 둔각 삼각형에는 ○○이 한 개만 있어요. 반 예각 영 obtuse angle 漢 鈍角

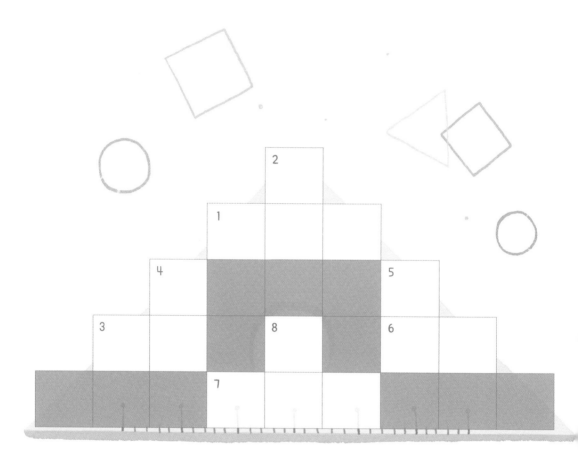

<가로 열쇠>

1 아무 뜻이나 생각 없이. (국어④-1 가, 8쪽)

예) ○○○ 내뱉은 말이 친구의 마음을 상하게 했어요. 비 그저 영 inadvertently

3 경지와 주택 등으로 사용하는 땅. (과학④-1, 103쪽)

예) 화산재와 같은 분출물은 ○○를 비옥하게 만들기도 해요. 비 토양 영 land

6 산에 난 불. (과학④-1, 103쪽)

예) 화산에서 흘러나온 뜨거운 용암으로 인해 ○○이 발생했어요. 영 forest fire

7 모를 못자리에서 논으로 옮겨 심는 일. (사회④-1, 24쪽)

예) 속담 *○○○ 때는 고양이 손도 빌린다. 비 모심기 영 rice planting

<세로 열쇠>

2 잘못이나 실수가 없도록 말이나 행동에 마음을 씀. (국어④-1 가, 34쪽)

예) 눈 오는 날, 빙판길을 ○○하세요. 비 주의 영 careful 漢 操心

4 백두산 꼭대기에 있는 못. (과학④-1, 105쪽)

예) 백두산의 ○○는 화산 활동에 의해 만들어진 못이에요. 漢 天池

5 계산의 결과가 맞는지를 살펴보기 위해 다시 계산함. (수학④-1, 49쪽)

예) 계산한 몫과 나머지가 맞는지 ○○하세요. 영 check 漢 檢算

8 어떤 내용을 소개하여 알려줌. (과학④-1, 147쪽)

예) 제주로 가시는 승객 여러분께 잠시 ○○ 말씀을 드리겠습니다. 비 길잡이 영 guide 漢 案内

수수께끼

Q. 먹고 살기 위해 하는 내기는 뭐게?

A. 정답은 □□□ 입니다. ^(힌트 : 12-3에 나오는 낱말이에요)

다섯고개 놀이

Q.

1. 나라인가요?
   예, 나라입니다.

2. 아시아 대륙에 있나요?
   아니요, 아메리카 대륙에 있습니다.

3. 세계에서 땅이 제일 넓은가요?
   아니요, 두 번째로 넓습니다.

4. 수도가 오타와인가요?
   예, 맞습니다.

5. 국기에 은행잎이 그려져 있나요?
   아니요, 단풍잎이 그려져 있습니다.

A. 정답은 □□□ 입니다. ^(힌트 : 12-2에 나오는 낱말이에요)

속담 ㄱㄴㄷ 퀴즈

○○○ 앞에 쥐.

*무서운 사람 앞에서 설설 기면서 꼼짝 못한다는 말.

A. 정답은 □□□ 입니다. (힌트 : 12-2에 나오는 낱말이에요)

정 답

12-1

¹나		²쓰		
늣		레		
셈		기		
³·⁴그	을	음		⁵현
리				무
스		⁶화	강	암

12-2

¹고	양	이		²캐	나	다
³한	라	산		⁴책	가	방

⁵둔			⁷애	완	동	물
⁶각	도	기				

12-3

	²조			
¹무	심	코		
⁴천			⁵검	
³토	지	⁸안	⁶산	불
	⁷모	내	기	

• 수수께끼 정답 : 모내기 • 다섯 고개 놀이 정답 : 캐나다 • 속담 퀴즈 정답 : 고양이

1 많은 사람이 모여 살며 정치, 경제, 문화의 중심이 되는 지역. (사회❹-1, 66쪽)

예) 시골에 사는 할머니는 사람도 많고 교통도 복잡한 ○○에 오면 머리가 핑그르르 어지럽대요.
⑪ 도회지 ⑫ 시골 ⑬ city ㊌ 都市

3 세 변의 길이가 같은 삼각형. (수학❹-1, 103쪽)

예) ○○○○의 세 각의 크기는 모두 같아요. ⑬ equilateral triangle ㊌ 正三角形

4 서로 어깨에 팔을 얹어 끼고 나란히 함. (국어활동❹-1 가, 99쪽)

예) 수업을 마치고 친구와 집에 갈 때 ○○○○를 하고 갔어요.

5 여성으로 태어난 사람. (국어활동❹-1 가, 92쪽)

예) 속담 ○○ 셋이 모이면 접시가 깨진다. ⑫ 남자 ⑬ woman ㊌ 女子

2 대한민국의 수도인 서울을 지방 자치 단체인 특별시로서 이르는 이름. (사회❹-1, 85쪽)

예) 국보 제1호인 숭례문은 ○○○○○ 중구 세종대로에 위치해 있어요. ⑬ Seoul Metropolitan Government

6 식물이 2년 이상 사는 일. 또는 그런 식물. (과학❹-1, 82쪽)

예) 한해살이 식물은 한 해만 살고 ○○○○○ 식물은 여러 해를 사는 것을 말해요. ⑪ 다년생 ⑫ 한해살이 ⑬ perennial

2·3

4

6

7

1

5

🔍 〈가로 열쇠〉

1 물체가 크게 보이도록 하는 볼록 렌즈. (과학❹-1, 58쪽)

예) 할머니 안경은 ○○○ 안경, 내 동생 안경은 수수깡 안경. ⓑ 확대경 ⓔ reading glasses

2 태양에서 다섯 번째로 가까운 행성. (수학❹-1, 28쪽)

예) 태양계의 행성 가운데 가장 큰 행성은 ○○이에요. ⓔ Jupiter ⓗ 木星

5 소수를 나타내는 점. (수학❹-1, 35쪽)

예) 5.2에서 5와 2 사이에 있는 점을 '○○○'이라고 해요. ⓑ 포인트 ⓔ point ⓗ 小數點

6 하던 것을 되풀이해서. (국어❹-1 나, 263쪽)

예) 내가 좋아하는 공상 과학 소설을 ○○ 한 번 더 읽었어요. ⓑ 또다시 ⓔ again

🔍 〈세로 열쇠〉

3 일정한 시설을 갖추어 소나 말 따위를 기르는 곳. (사회❹-1, 32쪽)

예) 넓고 푸른 ○○에서 소들이 한가로이 풀을 뜯고 있어요. ⓑ 목축장 ⓔ stock farm ⓗ 牧場

4 밀가루를 반죽하여 얇게 밀어서 가늘게 썰거나 국수틀로 가늘고 길게 뽑아낸 식품. (국어활동❹-1 가, 45쪽)

예) 오늘 점심은 엄마가 김치를 송송 썰어 넣은 비빔 ○○예요. ⓑ 면 ⓔ noodle

7 시의 살림살이를 맡아 보는 관청. (사회❹-1, 70쪽)

예) 서울 ○○ 앞에는 넓은 잔디 광장이 있어요. ⓔ city hall ⓗ 市廳

1 자기 의견을 바꾸거나 고치지 않고 굳게 버티며 우김. _(국어❹-1 나, 273쪽)

　예) 동생은 뭐든지 자기 ○○대로만 하려고 해요. ⓑ 아집　ⓔ insist　ⓗ 固執

3 아기가 걸음을 배울 때 발을 떼어 놓는 걸음걸이. _(국어❹-1 가, 70쪽)

　예) 우리 아기가 벌써 ○○○를 하지 뭐예요? ⓔ toddling

5 회의에서 가장 많은 사람이 찬성하는 의견을 따르는 것. _(국어활동❹-1 가, 29쪽)

　예) 학급 회의에서 ○○○로 결정하기로 했어요. ⓗ 多數決

8 '충무'라는 시호를 받은 '이순신'을 높여 이르는 말. _(국어활동❹-1 가, 80쪽)

　예) 임진왜란 때 ○○○ 이순신 장군은 거북선을 제작해 전쟁에서 큰 승리를 거두었어요. ⓗ 忠武公

2 마음속으로 괴로워하며 애를 태움. _(국어❹-1 나, 272쪽)

　예) 누구 편을 들어야 할지 그것이 가장 큰 ○○이에요. ⓑ 걱정　ⓔ worry　ⓗ 苦悶

4 달이 지구를 한 바퀴 도는 시간을 기준으로 만든 달력. _(국어❹-1 가, 124쪽)

　예) 어린이날은 양력 5월 5일이고, 단오는 ○○ 5월 5일이에요. ⓟ 양력　ⓔ lunar calendar
　ⓗ 陰曆

6 국내의 상품이나 기술을 외국에 팔아 보냄. _(수학❹-1, 20쪽)

　예) 우리나라는 중국, 일본, 유럽 등 여러 나라에 제품을 ○○해요. ⓟ 수입　ⓔ export　ⓗ 輸出

7 무의 하나로 뿌리가 둥글고 보랏빛을 띠는 것이 특징임. _(사회❹-1, 46쪽)

　예) 강화도의 특산물인 ○○로 김치를 담그면 국물에 보라색이 배어나요. ⓔ turnip

수수께끼

Q. 목수도 고칠 수 없는 집은 뭐게?

A. 정답은 ☐☐ 입니다. (힌트 : 13-3에 나오는 낱말이에요)

다섯고개 놀이

Q.
1. 식물인가요?
   예, 식물입니다.
2. 나무인가요?
   아니요, 채소입니다.
3. 뿌리가 하얀색인가요?
   아니요, 보라색입니다.
4. 김치를 담가 먹나요?
   예, 그렇습니다.
5. 강화도의 특산물인가요?
   예, 강화도의 특산물 중의 하나입니다.

A. 정답은 ☐☐ 입니다. (힌트 : 13-3에 나오는 낱말이에요)

자식은 수염이 하얘도 첫 ○○○ 떼던 어린애 같다.

＊부모에게는 자식이 아무리 나이를 많이 먹어도 늘 어린아이처럼 여겨진다는 뜻.

A. 정답은 □□□ 입니다. (힌트 : 13-3에 나오는 낱말이에요)

- - - - 정 답 - - - -

13-2

	²·³목	성				
	장		⁴국		⁶다	⁷시
¹돌	보	기		⁵소	수	점	청

13-1

²서
울
특
별

¹도 시

삼 각 형 ⁴어 깨 동 무

⁵·⁶여 자

려
해
살
이

13-3

¹·²고 집
민

³걸 ⁴음 마   ⁵다 ⁶수 결
력   출
⁷순
⁸충 무 공

•수수께끼 정답 : 고집 •다섯 고개 놀이 정답 : 순무 •속담 퀴즈 정답 : 걸음마

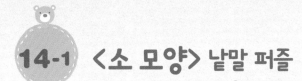

14-1 〈소 모양〉 낱말 퍼즐

1 가난함과 부유함을 아울러 이르는 말. (국어❹-1 나, 282쪽)

예) ○○의 격차가 갈수록 심해져서 큰일이에요. 영 rich and poor 漢 貧富

3 오랫동안 비가 내리지 않아 메마른 날씨. (사회❹-1, 37쪽)

예) 극심한 ○○으로 논의 벼가 말라 죽어가고 있어요. 비 가뭄 영 drought

5 오래되었거나 희귀한 옛 물품. (국어❹-1 나, 315쪽)

예) 할아버지는 오래된 그림이나 도자기 같은 ○○○을 수집하는 것을 좋아해요. 비 골동물
영 antique 漢 骨董品

2 재산이 많은 사람. (국어❹-1 나, 280쪽)

예) 속담 ○○는 망해도 삼 년 먹을 것이 있다. 비 갑부 반 빈자 영 rich person 漢 富者

4 집에서 기르는 짐승으로 소, 말, 돼지 등을 뜻함. (사회❹-1, 59쪽)

예) 할아버지가 운영하는 농장에는 돼지, 말 등 ○○이 많이 있어요. 비 집짐승 영 livestock 漢 家畜

6 태백산의 못 황지에서 시작하여 남해로 흐르는 강. (사회❹-1, 19쪽)

예) 속담 ○○○ 오리알. 영 Nakdonggang River 漢 洛東江

<가로 열쇠>

1 지도에서 높이가 같은 곳을 선으로 이어 땅의 높낮이를 나타낸 것. (사회❹-1, 14쪽)

　예) ○○○의 사이가 좁으면 경사가 급하고 넓으면 완만해요. 영 contour (line) 漢 等高線

3 바닷물을 가둔 후 증발시켜 소금을 만드는 곳. (과학❹-1, 137쪽)

　예) 서해안에 가면 ○○을 많이 볼 수 있어요. 비 소금밭 영 salt pond 漢 鹽田

6 혼인한 두 집안의 부모들 사이를 이르는 말. (국어활동❹-1 나, 225쪽)

　예) 속담 ○○의 팔촌. 漢 查頓

<세로 열쇠>

2 책을 보관하는 방이나 상자. (국어❹-1 나, 286쪽)

　예) 학급 ○○에 재미있는 책이 많이 꽂혀 있어요. 비 서고 영 library 漢 文庫

4 낱말을 일정한 순서로 배열하고 그 뜻을 풀이한 책. (국어활동❹-1 나, 196쪽)

　예) 모르는 낱말이 있을 땐 항상 국어 ○○을 찾아보는 습관을 길러야 해요. 영 dictionary 漢 辭典

5 호화롭게 사치함. (국어활동❹-1 나, 216쪽)

　예) 프랑스의 왕비 마리 앙투아네트는 궁궐에서 파티를 열어 ○○스러운 생활을 했어요.

　비 호화찬란 반 검소 영 luxury 漢 豪奢

7 한 각이 직각인 삼각형. (수학❹-1, 100쪽)

　예) ○○○○○에는 직각이 한 개 있어요. 비 직삼각형 영 right triangle 漢 直角三角形

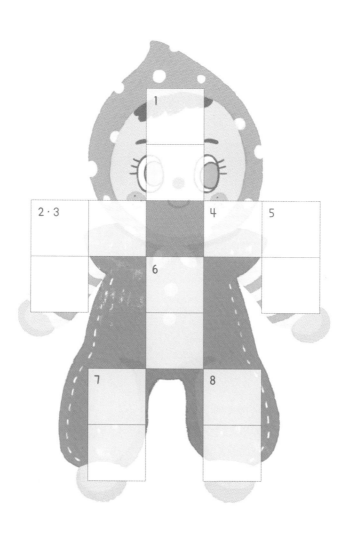

2 재난을 피해 멀리 옮겨 감. (국어❹-1 나, 264쪽)

예) 사람들은 전쟁을 피해 안전한 곳으로 ○○을 떠났어요. ⓑ 대피 ⓔ refuge ⓗ 避難

4 암술만 있고 수술은 없는 꽃. (과학❹-1, 75쪽)

예) 참외, 오이, 수박은 ○○과 수꽃이 따로 피어요. ⓑ 수꽃 ⓔ female flower

1 자신이 뽑고자 하는 사람의 이름을 쪽지에 써서 넣는 표. (사회❹-1, 133쪽)

예) 반장 선거는 ○○로 결정할 거예요. ⓑ 표결 ⓔ vote ⓗ 投票

3 살가죽과 뼈를 통틀어 이르는 말. (국어활동❹-1 나, 218쪽)

예) 그는 ○○이 상접할 정도로 야위었어요. ⓔ skin and bone ⓗ 皮骨

5 화초를 옮겨 심거나 가꾸는 데 쓰는 작은 삽. (과학❹-1, 66쪽)

예) 화단에서 ○○으로 흙을 퍼 꽃을 심었어요. ⓑ 모종삽 ⓔ shovel

6 맛이 달고 물에 잘 녹는 결정체. (과학❹-1, 24쪽)

예) ○○은 사탕수수를 원료로 하여 만들어요. ⓑ 사탕가루 ⓔ sugar ⓗ 雪糖

7 종이에 인쇄해서 만든 화폐. (수학❹-1, 13쪽)

예) 천 원짜리 ○○가 10장이면 만 원입니다. ⓑ 종이돈 ⓔ bill ⓗ 紙幣

8 남의 물건을 빼앗거나 훔치는 사람. (국어활동❹-1 나, 220쪽)

예) 속담 ○○이 제 발 저린다. ⓑ 도적 ⓔ thief

수수께끼

Q. 남의 물건을 자기 물건 보듯 하는 사람은 누구게?

A. 정답은 □□ 입니다. (힌트 : 14-3에 나오는 낱말이에요)

다섯고개 놀이

Q.
1. 화폐인가요?
예, 화폐입니다.

2. 동그란 모양인가요?
아니요, 네모난 모양입니다.

3. 종이로 만들었나요?
예, 종이로 만들었습니다.

4. 지갑에 넣고 다니나요?
예, 지갑에 넣고 다닙니다.

5. 100원짜리도 있나요?
아니요, 천 원짜리부터 있습니다.

A. 정답은 □□ 입니다. (힌트 : 14-3에 나오는 낱말이에요)

속담 퀴즈

삼 년 ○○에는 살아도 석 달 장마에는 못 산다.

*가뭄 피해보다 장마 피해가 더 무서움을 이르는 말.

A. 정답은 ☐☐ 입니다. (힌트 : 14-1에 나오는 낱말이에요)

정 답

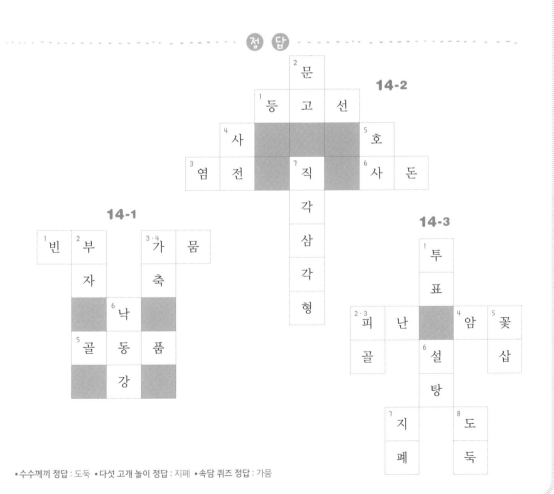

14-2

```
        ²문
     ¹등  고  선
  ⁴사        ⁵호
³염 전    ⁷직    ⁶사 돈
        각
        삼
        각
        형
```

14-1

```
¹빈 ²부      ³·⁴가 뭄
   자         축
        ⁶낙
⁵골      동  품
        강
```

14-3

```
        ¹투
        표
²·³피 난     ⁴암 ⁵꽃
골       ⁶설    삽
        탕
⁷지       ⁸도
폐        둑
```

• 수수께끼 정답 : 도둑 • 다섯 고개 놀이 정답 : 지폐 • 속담 퀴즈 정답 : 가뭄

🔍 〈가로 열쇠〉

2 청렴하고 욕심이 없는 깨끗한 관리. (국어④-1 나, 265쪽)

　예) 조선 시대의 ○○○ *맹사성은 정승이 되어서도 남루한 차림으로 소를 타고 다녔대요. 漢 淸白吏

4 돌 한 개를 던져 두 마리의 새를 잡는다는 뜻. (국어활동④-1 나, 204쪽)

　예) 꿩 먹고 알 먹고 이것이야말로 ○○○○의 효과라고 할 수 있지요. 비 일거양득　漢 一石二鳥

5 땅속에서 더운 물이 솟는 곳. (과학④-1, 103쪽)

　예) 온양은 조선 시대의 왕들이 즐겨 찾던 ○○으로 유명한 곳이에요. 영 hot spring　漢 溫泉

🔍 〈세로 열쇠〉

1 자신의 허물이나 죄를 스스로 고백함. (국어④-1 나, 287쪽)

　예) 범인은 자신의 잘못을 ○○하고 용서를 빌었어요. 비 실토　영 confession　漢 自白

3 나누어진 것을 하나로 합침. (과학④-1, 53쪽)

　예) 우리의 소원은 ○○, 꿈에도 소원은 ○○. 비 통합　영 unity　漢 統一

6 허균의 소설 '홍길동전'의 주인공. (국어④-1 나, 253쪽)

　예) 신출귀몰한 재주를 가진 ○○○은 가난한 백성들에게 재물을 나누어 주었어요. 漢 洪吉童

* **맹사성** : 조선 시대 전기의 재상으로 조선 전기 문화 창달에 큰 기여를 함.

15-2 <하늘다람쥐 모양> 낱말 퍼즐

122

🔑 〈가로 열쇠〉

2 문장 부호의 하나. 단어, 숫자의 앞뒤를 막아 다른 것과 구별하는 기호. (수학❹-1, 163쪽)

예) 식에 쓰이는 ○○에는 소○○, 중○○가 있어요. 영 parentheses 漢 括弧

4 후보자가 지역 주민들에게 어떤 일을 실천하겠다고 약속하는 것.

(사회❹-1, 135쪽)

예) 반장이 되면 매일 청소를 하겠다는 ○○을 내건 후보도 있었어요. 비 계약 영 pledge 漢 公約

6 대장부를 강조하여 이르는 말. (국어❹-1 나, 272쪽)

예) 그렇게 연약해서 어찌 ○○○○○라 할 수 있겠느냐? 비 사내장부 영 great man

🔑 〈세로 열쇠〉

1 곡식 가루를 반죽하여 불에 익힌 음식. (국어활동❹-1 나, 158쪽)

예) 누나는 밥보다 ○을 더 좋아해요. 비 빵떡 영 bread

3 몹시 화가 나서 큰 소리로 꾸짖음. (국어활동❹-1 나, 218쪽)

예) 선생님은 화가 나서 큰 소리로 ○○을 쳤어요. 비 호령 영 yell

5 토목이나 건축에 관한 일. (사회❹-1, 160쪽)

예) ○○ 중 통행에 불편을 드려서 대단히 죄송합니다. 비 건설공사 영 construction 漢 工事

7 서로 마주 대하여 이야기를 주고받음. (국어❹-1 나, 242쪽)

예) 온 가족이 함께 모여 오순도순 ○○를 했어요. 비 대담 반 혼잣말 영 talk 漢 對話

🔑 〈가로 열쇠〉

1 전혀 다른 것의 섞임이 없음. (국어❹-1 나, 235쪽)

　예) 우리 아기는 ○○하고 맑은 영혼을 가지고 있어요. ⓗ 순결 　ⓔ purity 　ⓗ 純粹

3 학문을 깊이 연구한 사람에게 주는 가장 높은 학위. (과학❹-1, 70쪽)

　예) 무엇이든지 물어 보면 거침없이 대답하는 척척 ○○가 되고 싶어요. ⓔ doctor 　ⓗ 博士

7 육지를 향해 밀려오는 바닷물. (사회❹-1, 20쪽)

　예) 갯벌은 ○○과 썰물의 드나듦에 따라 바다가 되기도 하고 육지가 되기도 해요. ⓔ flood tide

🔑 〈세로 열쇠〉

2 임금에게 올리는 밥상을 높여 이르는 말. (국어❹-1 나, 264쪽)

　예) 신선로와 구절판은 ○○○에 올라가던 궁중 음식이에요. ⓔ royal table

4 도의 살림살이를 총괄하는 자치 단체장. (사회❹-1, 131쪽)

　예) 도청은 ○○○와 부도지사 밑에 여러 행정 부서를 두고 있어요. ⓔ governor 　ⓗ 道知事

5 말이나 행동을 잘못하여 자기의 명예와 지위를 떨어뜨림. (국어활동❹-1 나, 181쪽)

　예) 속담 어물전 ○○은 꼴뚜기가 시킨다. ⓗ 창피 　ⓔ disgrace 　ⓗ 亡身

6 물건의 무게를 잴 수 있도록 해 주는 도구. (실험관찰❹-1, 18쪽)

　예) 윗접시 ○○로 무게를 잴 때는 *분동을 사용해요. ⓗ 천칭 　ⓔ scale

8 생명이 있는 모든 동물과 식물. (과학❹-1, 14쪽)

　예) 호랑이와 소나무는 ○○이고, 돌과 흙은 무생물이에요. ⓗ 생명체 　ⓐ 무생물 　ⓔ creature
　ⓗ 生物

* **분동** : 저울로 무게를 잴 때, 무게의 표준이 되는 추를 말함.

125

수수7게끼

Q. 관공서에서 가장 유명한 사람은 누구게?

A. 정답은 ☐☐☐ 입니다. (힌트 : 15-1에 나오는 낱말이에요)

다섯고개 가ㄴㄷ 놀이

Q.

1. 학용품인가요?

   아니요, 식품입니다.

2. 제과점에서 만드나요?

   예, 그렇습니다.

3. 주로 생일 때 먹나요?

   아니요, 평소에도 먹습니다.

4. 밀가루로 만드나요?

   예, 주로 밀가루로 만듭니다.

5. 구우면 노릇노릇해지나요?

   예, 그렇습니다.

A. 정답은 ☐ 입니다. (힌트 : 15-2에 나오는 낱말이에요)

속담 퀴즈

과일 ○○은 모과가 시킨다.

*지지리 못난 사람일수록 같이 있는 동료를 망신시킨다는 말.

A. 정답은 □□ 입니다. (힌트 : 15-3에 나오는 낱말이에요)

정답

15-1

	¹자	
²청	백	리
	³통	
⁵온 천	⁴일 석 이 조
	⁶홍	
	길	
	동	

15-2

		¹빵		
²괄	³호		⁴·⁵공	약
	통		사	
⁶사	내	⁷대	장	부
		화		

15-3

¹순	²수			
	라	⁵망		⁶저
	상	신		울
	⁴도			
	지			⁸생
	³박 사	⁷밀 물

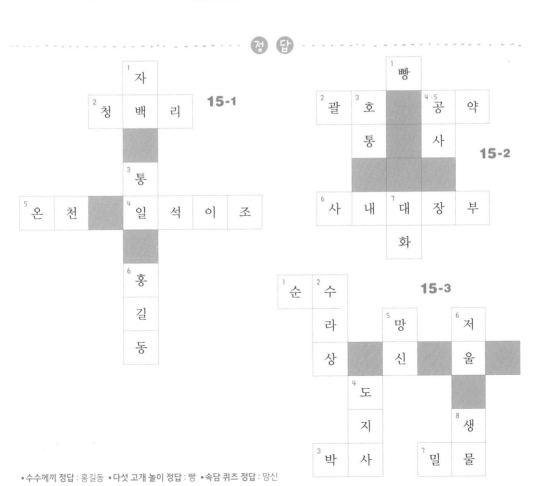

• **수수께끼 정답** : 홍길동 • **다섯 고개 놀이 정답** : 빵 • **속담 퀴즈 정답** : 망신

🔑 〈가로 열쇠〉

1 남이 자기에게 대하는 태도를 살피는 것. (국어④-2 가, 116쪽)

예) 속담 ○○가 빠르면 절에 가도 젓갈을 얻어먹는다. 영 tact

3 물건의 가격이 오를 것을 예상하고 물건을 필요 이상으로 많이 사는 일. (사회④-2, 33쪽)

예) 전쟁이 일어날 거라는 소문이 돌자 사람들은 생필품을 ○○○했어요. 영 panic buying

5 어떤 환경 안에서 살아가는 모든 생물과 이것을 제어하는 환경 요인이 합쳐진 복합 체계. (과학④-2, 88쪽)

예) 과학자들은 지구 온난화로 인해 자연 ○○○뿐 아니라 인간 사회도 파괴될 것이라고 경고했어요. 영 ecosystem 漢 生態系

🔑 〈세로 열쇠〉

2 눈으로 보기만 하면서 어느 정도 만족하는 일. (국어④-2 가, 31쪽)

예) 먹고 싶은 음식이 많았지만 돈이 없어 ○○○만 했어요. 영 eye candy

4 다시 결혼함. (사회④-2, 60쪽)

예) 나는 엄마와 아저씨가 ○○해서 행복하게 살았으면 좋겠어요. 비 개가 영 remarriage 漢 再婚

6 태극기 가운데의 둥근 모양. (사회④-2, 113쪽)

예) ○○ 문양의 빨간색은 양을, 파란색은 음을 상징해요. 漢 太極

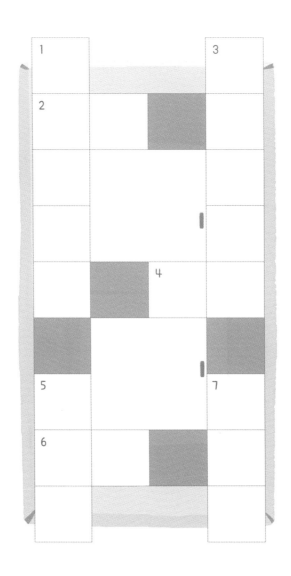

🔑 〈가로 열쇠〉

2 열이나 전기를 잘 전도하고, 퍼지고 늘어나는 성질이 강한 특유의 광택을 가진 물질. (과학❹-2, 111쪽)

예) '직지심체요절'은 ○○ 활자로 인쇄한 책 가운데에서 세계에서 가장 오래된 것이에요.
ⓑ 쇠붙이 ⓟ 비금속 ⓔ metal ⓗ 金屬

4 할인된 가격에 물건을 파는 큰 규모의 상점. (사회❹-2, 27쪽)

예) 동네 가게보다 대형 ○○에 가서 물건을 사면 가격이 훨씬 싸요. ⓔ mart

6 여럿 가운데 으뜸. (국어❹-2 가, 8쪽)

예) 세계에서 ○○ 높은 산은 에베레스트 산이에요. ⓑ 제일 ⓔ most

🔑 〈세로 열쇠〉

1 액체의 부피를 잴 수 있도록 눈금이 새겨진 원통형의 시험관. (실험관찰❹-2, 38쪽)

예) ○○○○○에 들어 있는 물의 부피는 62밀리리터입니다. ⓑ 메스실린더 ⓔ graduated cylinder

3 짧은 기간 동안에 하는 임시적인 일. (국어활동❹-2 가, 41쪽)

예) 누나는 학비를 마련하기 위해 편의점 ○○○○○를 해요. ⓑ 부업 ⓔ part time job

5 우리나라 명절의 하나. 음력 8월 15일. (국어❹-2 가, 32쪽)

예) ○○○날, 하늘에 보름달이 환하게 떴어요. ⓑ 추석

7 북극 바다 위에 사는 흰곰. (수학❹-2, 166쪽)

예) ○○○은 북극에서 볼 수 있고, 펭귄은 남극에서 볼 수 있어요. ⓑ 백곰 ⓔ polar bear

🔑 〈가로 열쇠〉

1 잎 표면에 있는 긴 털에서 끈끈한 액체가 나와 벌레를 잡는 식물. (과학❹-2, 33쪽)

예) 대표적인 식충 식물인 ○○○○○의 잎은 주걱처럼 생겼어요. ⑱ sundew

4 한 가지 일에 모든 힘을 쏟음. (국어활동❹-2 가, 32쪽)

예) 나는 도서관에서 판타지 소설을 ○○해 읽었어요. ⑪ 몰두 ⑲ 분산 ⑱ concentration ㊐ 集中

5 탄소가 완전 연소할 때 생기는 무색 기체. (수학❹-2, 167쪽)

예) 동물은 숨을 쉴 때 산소를 들이마시고 ○○○○○를 내뿜어요. ⑪ 탄산가스
⑱ carbon dioxide ㊐ 二酸化炭素

8 쉽게 단념하지 아니하고 끈질기게 견디어 나가는 기운. (사회❹-2, 114쪽)

예) 목표가 있다면 쉽게 포기하지 말고 ○○ 있게 노력해야 해요. ⑪ 참을성 ⑱ patience

🔑 〈세로 열쇠〉

2 축축하고 그늘진 곳에서 자라는 초록색을 띤 작은 식물. (실험관찰❹-2, 26쪽)

예) ○○는 고사리와 마찬가지로 꽃을 피우지 않고 홀씨를 만들어 번식해요. ⑱ moss

3 우편물을 우체통으로부터 모으거나 집으로 배달하는 사람. (국어❹-2 가, 140쪽)

예) ○○○○○ 아저씨는 비가 오나 눈이 오나 매일 편지를 배달해요. ⑪ 우체부 ⑱ postman

6 자연 상태에서 벗어나 삶을 풍요롭고 편리하고 아름답게 만들어 가고
자 사회 구성원에 의해 습득, 공유, 전달이 되는 행동 양식. (사회❹-2, 80쪽)

예) 창덕궁은 1997년에 유네스코 세계 ○○ 유산으로 지정되었어요. ⑪ 문명 ⑱ culture ㊐ 文化

7 학교에서 매년 개교한 날과 같은 날짜에 맞추어 기념하는 날. (사회❹-2, 110쪽)

예) 내일은 우리 학교가 생긴 지 52주년 되는 ○○○○○이에요. ⑱ school anniversary

수수께끼

Q. 가위는 가위인데 자르지 못하는 가위는 뭐게?

A. 정답은 ☐☐☐ 입니다. (힌트 : 16-2에 나오는 낱말이에요)

다섯고개 놀이

Q.
1. 동물인가요?
예, 동물입니다.

2. 초원에 사나요?
아니요, 북극에 삽니다.

3. 송곳니가 겉으로 드러나 있나요?
아니요, 겉으로 드러나 있지 않습니다.

4. 털이 검은색인가요?
아니요, 눈처럼 하얀색입니다.

5. 곰과 닮았나요?
예, 많이 닮아서 바다 위의 곰이라고 부릅니다.

A. 정답은 ☐☐☐ 입니다. (힌트 : 16-2에 나오는 낱말이에요)

구르는 돌에는

○○가 끼지 않는다.

> * 부지런하고 꾸준히 노력하는 사람은 침체되지 않고 계속 발전한다는 말.

A. 정답은 ☐☐ 입니다. (힌트 : 16-3에 나오는 낱말이에요)

··· 정 답 ···

16-2

³ㅎ	ㄹ	ㅂ	ㅇ	ㅌ		⁷ㅍ	ㄱ	ㄹ
				⁴ㅂ				ㅊ
		ㅆ						ㅇ
¹ㄱ	²ㄱ	ㅈ	ㄹ	ㄸ		⁵ㅎ	ㄱ	ㅇ

16-1

	¹·²눈	치
	요	
	기	

³사	⁴재	기		⁵생	⁶태	계
	혼				극	

16-3

	¹끈	끈	²이	주	걱	
³우			끼			⁷개
편						교
⁴집	중				⁸끈	기
배						념
원			⁶문			일
		⁵이	산	화	탄	소

• **수수께끼 정답** : 한가위 • **다섯 고개 놀이 정답** : 북극곰 • **속담 퀴즈 정답** : 이끼

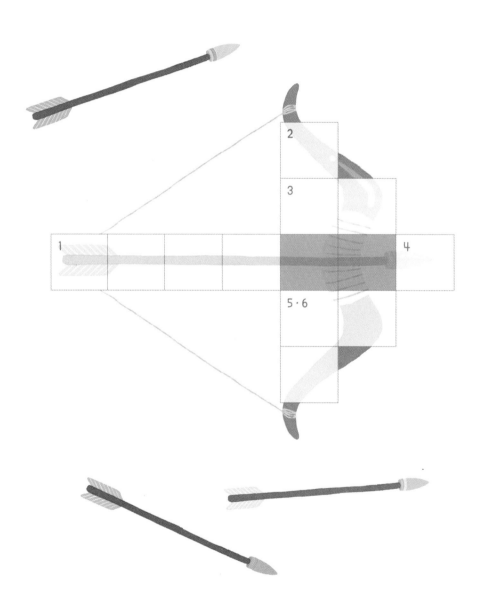

🔑 〈가로 열쇠〉

1 네 변의 길이가 같고 네 각이 모두 직각인 사각형. _(수학❹-2, 99쪽)

예) 도화지는 직사각형 모양이고, 색종이는 ○○○○ 모양이에요. 비 정사변형 영 square

한 正四角形

3 툭하면 우는 아이를 놀림조로 이르는 말. _(국어❹-2 가, 8쪽)

예) 나는 어렸을 때 걸핏하면 울어서 별명이 ○○였어요. 비 눈물단지 영 crybaby

4 벼에서 껍질을 벗겨낸 알맹이. _(국어활동❹-2 가, 76쪽)

예) 속담 ○은 쏟고 주워도 말은 하고 못 줍는다. 영 rice

5 일한 결과로 얻은 이익. _(사회❹-2, 37쪽)

예) 우리나라의 1인당 국민 ○○은 1만 달러예요. 비 이득 영 income 한 所得

🔑 〈세로 열쇠〉

2 골짜기나 들에 흐르는 작은 물줄기. _(국어❹-2 가, 12쪽)

예) 이번 여름 방학에는 할머니 댁에 있는 ○○에서 물고기를 잡고 놀 거예요. 비 개천 영 brook

6 돈을 써서 없앰. _(사회❹-2, 47쪽)

예) 똑똑한 ○○를 하기 위해서는 꼭 필요한 곳에만 돈을 써야 해요. 비 허비 반 예금

영 consumption 한 消費

＜성화봉 모양＞ 낱말 퍼즐

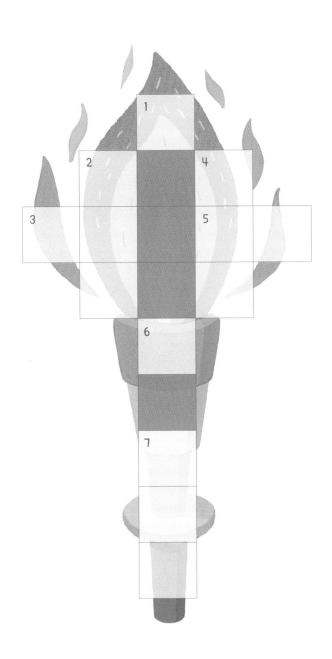

🔑 〈가로 열쇠〉

3 외부의 물질을 안으로 빨아들임. (과학❹-2, 32쪽)

　예) 대부분의 식물은 뿌리로 물과 양분을 ○○해요. (비) 흡입 (반) 배출 (영) absorption (漢) 吸收

5 등은 검고 배는 희며 꼬리가 긴 새. (국어활동❹-2 가, 94쪽)

　예) 옛날 사람들은 ○○는 좋은 소식을, 까마귀는 나쁜 소식을 전하는 새라고 믿었어요. (영) magpie

🔑 〈세로 열쇠〉

1 나무를 자르거나 켜는 데 쓰는 연장. 날에 뾰족뾰족한 이가 많이 있음.

　(국어❹-2 가, 16쪽)

　예) 신이 난 흥부는 박을 따서 ○으로 잘랐어요. (영) saw

2 적은 수의 사람. (사회❹-2, 94쪽)

　예) 다수자와 다르다는 이유로 ○○○들이 차별 대우를 받는 일은 없어야 해요. (반) 다수자
　(영) minority (漢) 少數者

4 지붕틀을 구성하는 재료. 도리에서 처마 끝까지 걸쳐 지른 나무. (국어❹-2 가, 17쪽)

　예) ○○○ 위에 산자를 깔고 기와를 덮으면 기와집이 완성돼요. (영) rafter

6 여럿으로 나누어 가지는 각 부분. (수학❹-2, 12쪽)

　예) 서로 일한 만큼 ○을 나누었어요. (영) share

7 다각형에서 이웃하지 아니하는 두 꼭짓점을 잇는 선분. (수학익힘❹-2, 65쪽)

　예) 사각형에서 ○○○의 수는 2개입니다. (비) 맞모금 (영) diagonal (漢) 對角線

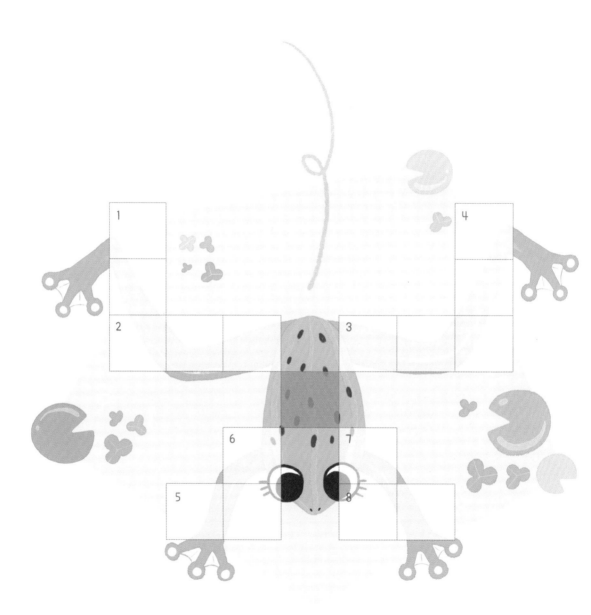

2 분수에 지나친 사치스러운 물품. (과학❹-2, 111쪽)

예) 지금은 흔한 거울이 옛날에는 ○○○이었대요. ⑪ 호사품 ⑱ luxury (goods) ㊞ 奢侈品

3 지구의 기온이 높아지는 현상. (과학❹-2, 88쪽)

예) 지구 ○○○로 인해 봄과 가을이 짧아지는 기상 현상이 나타나고 있어요. ⑪ 지구 온난화
⑱ global warming ㊞ 溫暖化

5 거짓이 없는 진실한 말. (국어활동❹-2 가, 23쪽)

예) 전국 마라톤 대회에서 1등을 한 게 ○○이에요? ⑪ 참말 ㊫ 거짓말 ⑱ really

8 한 해 동안 일을 한 대가로 머슴에게 주는 품삯. (국어❹-2 가, 19쪽)

예) 머슴은 한 해 ○○으로 쌀 한 가마니를 받았어요. ⑪ 사경

1 외국에 파견되어 기독교의 전도에 종사하는 사람. (사회❹-2, 156쪽)

예) 명동 성당은 프랑스 ○○○에 의해 처음 세워진 성당이에요. ⑱ missionary ㊞ 宣教師

4 전체 인구에서 노인이 차지하는 비율이 높아지는 일. (사회❹-2, 89쪽)

예) 젊은 사람들이 떠난 농촌은 ○○○ 현상이 두드러지게 나타나는 곳이에요. ⑱ graying
㊞ 高齡化

6 낱말의 일부분을 줄여서 나타낸 말. (국어활동❹-2 가, 46쪽)

예) '사이'의 ○○은 '새'예요. ⑪ 약어 ㊫ 본말 ⑱ abbreviation

7 암말과 수탕나귀 사이에서 태어난 짐승. (국어❹-2 가, 9쪽)

예) 말보다 약간 작으며 나귀를 닮은 ○○는 대개 새끼를 낳지 못한대요. ⑱ mule

수수께끼

Q。새는 새인데 날개도 없고 날지도 못하는 새는 뭐게?

A。정답은 ☐☐ 입니다. ^(힌트 : 17-3에 나오는 낱말이에요)

다섯고개 놀이

Q。
1. 학용품인가요?
   아니요. 목공구입니다.

2. 나무를 찍을 때 쓰나요?
   아니요, 나무를 자를 때 씁니다.

3. 쇠와 나무로 만들었나요?
   예, 그렇습니다.

4. 날이 뾰족한가요?
   예, 뾰족뾰족합니다.

5. 흥부가 박을 탈 때 쓰던 도구인가요?
   예, 동화책에 그렇게 나옵니다.

A。정답은 ☐ 입니다. ^(힌트 : 17-2에 나오는 낱말이에요)

속담 퀴즈

까마귀가 ○○ 보고 검다 한다.

*제가 더러운 주제에 도리어 남을 보고 더럽다고 흉본다는 뜻.

A. 정답은 □□ 입니다. (힌트 : 17-2에 나오는 낱말이에요)

------------------------------ 정 답 ------------------------------

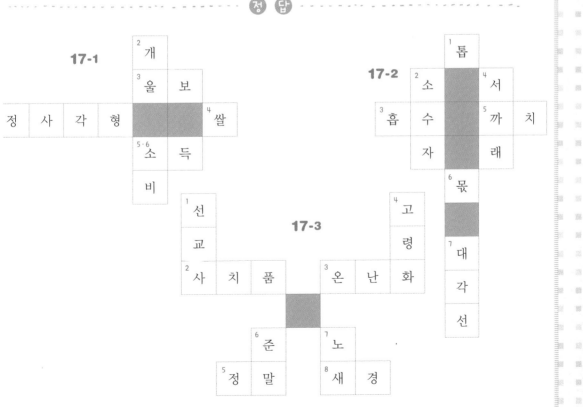

17-1

		²개		
		³울	보	
정	사	각	형	
				⁴쌀
		⁵·⁶소	득	
		비		

17-2

		¹톱		
	²소		⁴서	
³흡	수		⁵까	치
	자		래	
		⁶묫		
		⁷대		
		각		
		선		

17-3

¹선				⁴고
교				령
²사	치	품	³온	난	화
		⁶준	⁷노	
		⁵정	말	⁸새	경

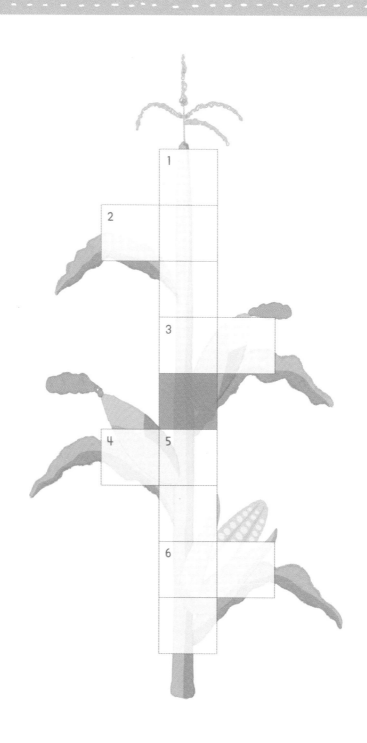

1
2
3
4 5
6

🔍 〈가로 열쇠〉

2 내일의 다음 날. (국어❹-2 나, 273쪽)

예) 내일 아니면 늦어도 ○○까지 과제를 제출하세요. ㉑ 내일모레 ㉰ 그저께
㉏ the day after tomorrow

3 씨앗에서 처음으로 싹터 나오는 잎. (국어❹-2 가, 30쪽)

예) 속담 될성부른 나무는 ○○부터 알아본다. ㉏ seed leaf

4 혈연 관계가 아닌 일반인 사이에서 법적으로 부모와 자식의 관계를 맺는 일. (사회❹-2, 61쪽)

예) ○○으로 동생이 생겨서 좋아요. ㉏ adoption ㉐ 入養

6 많은 수나 양의 중간값. (사회❹-2, 88쪽)

예) 우리 반 학생들의 키는 또래 연령 아이들 키보다 ○○ 이상이에요. ㉏ average ㉐ 平均

🔍 〈세로 열쇠〉

1 숨을 몹시 가쁘고 거칠게 몰아쉬는 모양. (국어❹-2 가, 29쪽)

예) 지각하지 않으려고 ○○○○ 학교로 달려갔어요. ㉑ 시근벌떡

5 성에 따른 차별을 받지 않고 자신의 능력에 따라 동등한 기회와 권리를 누리는 것. (사회❹-2, 78쪽)

예) 남녀가 서로를 배려하고 존중하는 ○○○○ 사회를 만들기 위하여 노력하고 있어요.
㉏ gender equality ㉐ 兩性平等

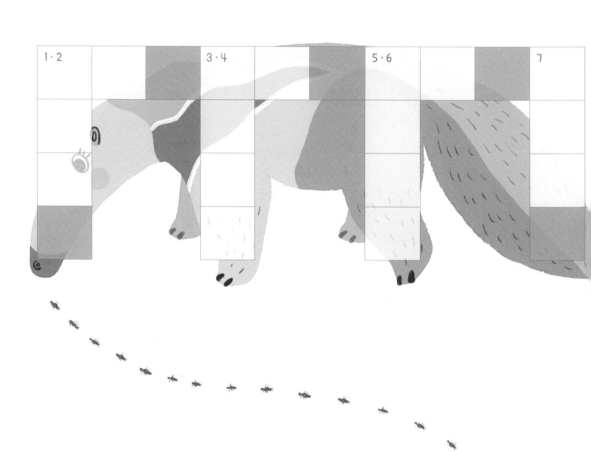

1·2			3·4			5·6			7

1 병의 아가리 따위에 끼워 막는 물건. (과학❹-2, 156쪽)

예) 음료수 병의 ○○가 너무 단단해 열기가 힘들어요. ⓑ 덮개 ⓔ stopper

3 소원이 이루어지기를 신께 비는 일. (국어활동❹-2 가, 77쪽)

예) 동생의 병이 빨리 낫기를 하느님께 ○○했어요. ⓑ 기원 ⓔ prayer ⓗ 祈禱

5 국민을 예스럽게 이르는 말. (국어활동❹-2 나, 196쪽)

예) 속담 ○○을 멀리하면 나라가 망한다. ⓑ 민중 ⓔ people ⓗ 百姓

2 네 변의 길이가 모두 같은 사각형. (수학❹-2, 91쪽)

예) ○○○의 이름은 마름이라는 식물의 잎 모양에서 따왔어요. ⓑ 마름모꼴 ⓔ rhombus

4 우쭐하여 뽐내는 마음이 대단함. (국어활동❹-2 가, 81쪽)

예) 그는 ○○○○하여 고개를 꼿꼿이 들고 걸었어요. ⓔ wild rage ⓗ 氣高萬丈

6 옛날부터 흰 옷을 즐겨 입어 온 우리 민족을 가리키는 말. (사회❹-2, 114쪽)

예) ○○○○은 우리 민족이 흰 옷을 즐겨 입은 데서 유래했어요. ⓑ 배달민족 ⓗ 白衣民族

7 말을 못 하는 사람을 낮잡아 이르는 말. (국어활동❹-2 나, 213쪽)

예) 갑자기 꿀 먹은 ○○○라도 됐나, 왜 아무 말도 하지 않니? ⓔ anepia

🔑 〈가로 열쇠〉

1 농사일과 잡일을 해 주고 품삯을 받는 사내. (국어④-2 가, 17쪽)

예) 옛날 부잣집에서는 ○○이란 일꾼을 두고 농사를 짓고는 했어요. 🄱 일꾼 🄔 farmhand

3 사람을 대우하는 데 차등을 두어 구별함. (사회④-2, 74쪽)

예) 선생님은 남학생과 여학생을 ○○하지 않고 학급 일을 나누었어요. 🄱 구별 🄫 평등
🄔 discrimination 🄗 差別

5 이빨에서 독액을 분비하는 뱀. (국어활동④-2 나, 157쪽)

예) 코브라나 살무사와 같은 ○○에게 물리지 않도록 조심하세요. 🄱 독사뱀 🄔 poisonous snake
🄗 毒蛇

7 일정한 수에 못 미침. (수학익힘④-2, 75쪽)

예) 키가 100센티미터 ○○인 어린이는 바이킹 탑승을 금지하고 있습니다. 🄱 미달 🄫 초과
🄔 under 🄗 未滿

🔑 〈세로 열쇠〉

2 배와 목 사이의 앞부분. (국어활동④-2 나, 156쪽)

예) 학교 배지를 ○○에 붙이고 전국 청소년 달리기 대회에 나갔어요. 🄱 흉부 🄔 chest, heart

4 남성과 여성을 구별하여 이르는 말. (사회④-2, 76쪽)

예) 채용 기회는 ○○에 관계없이 공평하게 주어져야 해요. 🄔 sex 🄗 性別

6 연극, 영화, 드라마에서 배우가 하는 말. (국어활동④-2 나, 157쪽)

예) 연극 공연에서 ○○를 잊어버려 실수하고 말았어요. 🄗 臺詞

8 살이 쪄서 뚱뚱함. (수학④-2, 141쪽)

예) 오늘날 잘못된 식습관으로 ○○인 사람들이 늘어나고 있습니다. 🄔 obesity 🄗 肥滿

149

Q. 떡 중에서 가장 빨리 먹는 떡은 뭐게?

A. 정답은 □□□□ 입니다. (힌트 : 18-1에 나오는 낱말이에요)

다섯고개 놀이

Q.
1. 식물인가요?
   아니요. 동물입니다.
2. 날아다니나요?
   아니요, 기어다닙니다.
3. 혀를 날름거리나요?
   예, 혀를 날름거리며 먹이를 찾습니다.
4. 이빨에 독이 있나요?
   예, 독이 있어 물리면 큰일납니다.
5. 코브라와 살무사가 이 동물에 속하나요?
   예, 그렇습니다.

A. 정답은 □□ 입니다. (힌트 : 18-3에 나오는 낱말이에요)

○○○ 냉가슴 앓듯.

*벙어리가 안타까운 마음을 하소연할 길이 없어 속만 썩이듯 맘고생한다는 뜻.

A. 정답은 □□□ 입니다. (힌트 : 18-2에 나오는 낱말이에요)

정 답

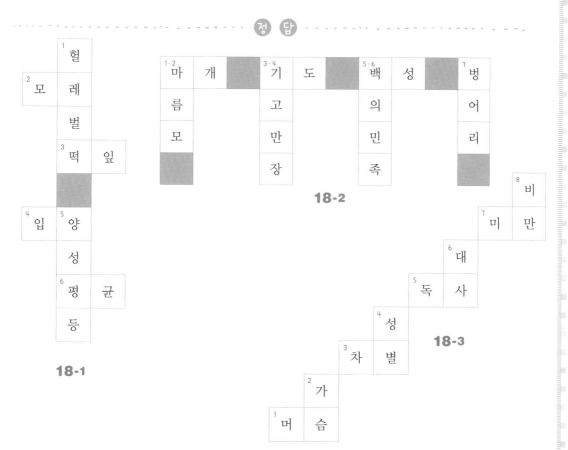

18-1

	¹헐		
²모	레		
	벌		
	³떡	잎	

⁴입	⁵양	
	성	
⁶평	균	
등		

¹·²마	개		³·⁴기	도		⁵·⁶백	성		⁷벙
름			고			의			어
모			만			민			리
			장			족			

18-2

		⁸비
	⁷미	만
	⁶대	
⁵독	사	
⁴성		
³차	별	
²가		
¹머	슴	

18-3

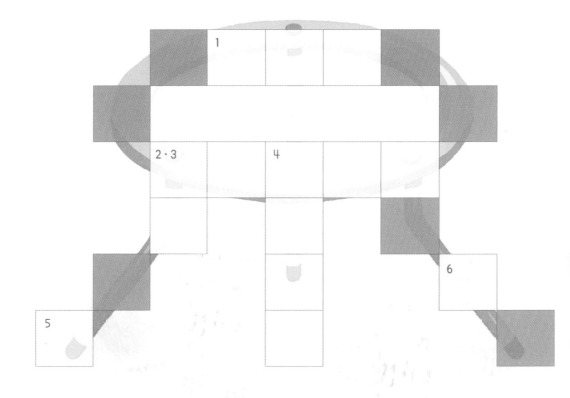

ᛏ 〈가로 열쇠〉

1 둥근 쇠 테두리에 발이 세 개 달린 기구. (과학❹-2, 84쪽)

   예) 물이 담긴 삼각 *플라스크를 ○○○ 위에 놓고 끓이세요. 영 trivet

2 마주 보는 두 쌍의 변이 서로 평행한 사각형. (수학❹-2, 87쪽)

   예) 기울어진 지붕이 마치 ○○○○○ 모양 같아요. 영 parallelogram 漢 平行四邊形

6 사람이나 동물의 피부에서 나오는 찝찔한 액체. (국어활동❹-나, 178쪽)

   예) 날씨가 어찌나 더운지 가만히 있어도 ○이 줄줄 흘러요. 영 sweat

ᛏ 〈세로 열쇠〉

3 평온하고 화목함. (사회❹-2, 113쪽)

   예) 태극기의 흰색 바탕은 ○○를 사랑하는 우리의 민족성을 나타내요. 비 화평 반 전쟁
영 peace 漢 平和

4 마주 보는 한 쌍의 변이 서로 평행한 사각형. (수학익힘❹-2, 51쪽)

   예) ○○○○은 사다리 모양을 닮았어요. 영 trapezoid

5 아주 좋은 운수. (국어❹-2 나, 279쪽)

   예) 새해 ○ 많이 받으세요. 비 행복 영 fortune 漢 福

---

* **플라스크** : 목이 길고 몸은 둥글게 만든 화학 실험용 유리병.

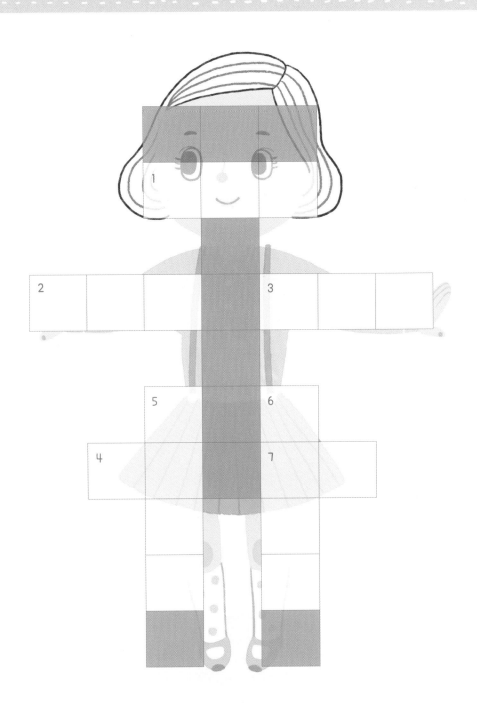

🔑 〈가로 열쇠〉

1 축구나 하키 따위에서 골문을 지키는 선수. (국어활동❹-2 나, 178쪽)

예) 관객들은 축구 시합에서 강슛을 막아낸 ○○○에게 박수를 보냈어요. ㉑ 키퍼 ㉎ goalkeeper

2 통계의 결과를 나타낸 표. (수학❹-2, 149쪽)

예) 막대 모양의 도형으로 나타낸 ○○○를 '막대 그래프'라고 해요. ㉑ 표 ㉎ graph

3 줄기가 곧고 마디가 있으며 속이 빈 나무. (과학❹-2, 31쪽)

예) 대금은 ○○○로 만든 우리나라 전통 악기예요. ㉎ bamboo

4 마땅히 주장해서 누릴 수 있는 법적인 능력. (사회❹-2, 78쪽)

예) 사람은 누구나 행복하게 살 ○○가 있어요. ㉑ 권한 ㉺ 의무 ㉎ rights ㉓ 權利

7 아이를 뱃속에 가짐. (사회❹-2, 86쪽)

예) 내 동생을 ○○한 어머니와 함께 보건소에 다녀왔어요. ㉑ 잉태 ㉎ pregnancy ㉓ 姙娠

🔑 〈세로 열쇠〉

5 잎에 벌레가 닿으면 순식간에 오므라들어 잡아먹는 식충 식물. (과학❹-2, 32쪽)

예) ○○○○은 파리와 개미 같은 벌레를 잡아먹는 식충 식물이에요. ㉎ Venus's-Fly-trap

6 과거나 미래로 시간 여행을 가능하게 한다는 기계. (국어활동❹-2 나, 201쪽)

예) ○○○○ 타고 과거로 간다면 제일 먼저 이순신 장군을 만나 보고 싶어요. ㉎ time machin

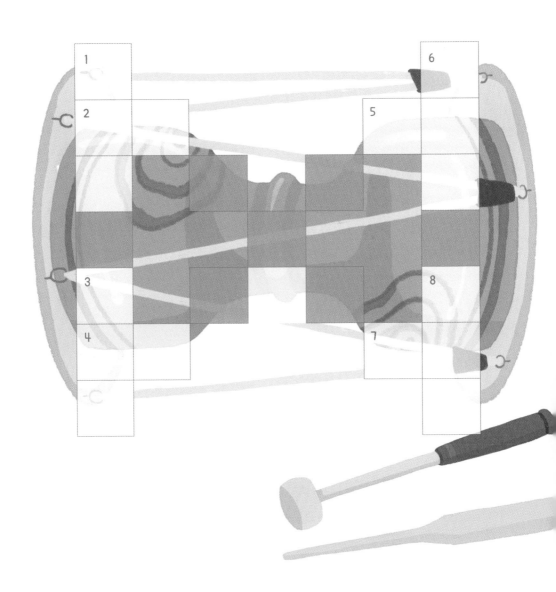

1						6	
2				5			
3						8	
4				7			

🔑 〈가로 열쇠〉

2 빛이 어떤 물체의 표면에 부딪혀 되돌아가는 현상. (과학④-2, 95쪽)

예) 달의 모양은 태양에 ○○된 달 표면이 우리 눈에 비치는 거예요. 영 reflection 漢 反射

4 지방에서만 쓰는 특유의 언어. (국어활동④-2 나, 146쪽)

예) '할아바이'는 '할아버지'의 함경도 ○○이에요. 비 사투리 반 표준어 영 dialect 漢 方言

5 시간의 어느 한 시점. (수학④-2, 149쪽)

예) 해랑 열차가 출발하는 ○○은 오전 7시 30분이에요. 비 시간 漢 時刻

7 과거의 첫 시험이나 그 시험에 합격한 사람. (국어④-2 나, 282쪽)

예) 속담 ○○가 잦으면 급제가 난다. 漢 初試

🔑 〈세로 열쇠〉

1 짝이 되어 여러 가지 일을 함께 하는 사람. (사회④-2, 76쪽)

예) 엄마는 아빠가 인생의 ○○○래요. 비 동행인 영 companion 漢 同伴者

3 코로 나오는 숨을 막았다가 갑자기 터뜨리면서 불어 내는 소리.

(국어활동④-2 나, 154쪽)

예) 형은 말도 안 된다며 '흥' 하고 ○○○를 뀌었어요. 영 snort

6 3개 이상의 선분으로 둘러싸인 도형. (수학익힘④-2, 63쪽)

예) ○○○은 변의 개수에 따라 삼각형, 사각형, 오각형 등으로 불러요. 영 polygon 漢 多角形

8 이름이 얼른 떠오르지 않을 때 그 이름 대신에 하는 말. (국어④-나, 195쪽)

예) 우리 동창 ○○○ 말이야. 웃을 때 보조개가 들어가던 여자 아이 기억나니?

Q. 키만 크고 속이 빈 것은 뭐게?

A. 정답은 □□□ 입니다. (힌트 : 19-2에 나오는 낱말이에요)

다섯고개 놀이

Q.

1. 가방에 갖고 다니는 학용품인가요?
   아니요, 실험 기구입니다.

2. 가열할 때 필요한가요?
   예, 그렇습니다.

3. 유리로 만들었나요?
   아니요, 쇠로 만들었습니다.

4. 불을 붙이는 도구인가요?
   아니요, 물건의 받침대로 쓰이는 도구입니다.

5. 발이 세 개인가요?
   예, 세 개입니다.

A. 정답은 □□□ 입니다. (힌트 : 19-1에 나오는 낱말이에요)

속담 퀴즈

○ 흘린 밭에 풍년 들고 피 흘린 곳에 기와집 짓는다.

*힘을 들이며 애써 일해야 풍년도 오고 기와집도 생긴다는 말.

A. 정답은 ☐ 입니다. (힌트 : 19-1에 나오는 낱말이에요)

정 답

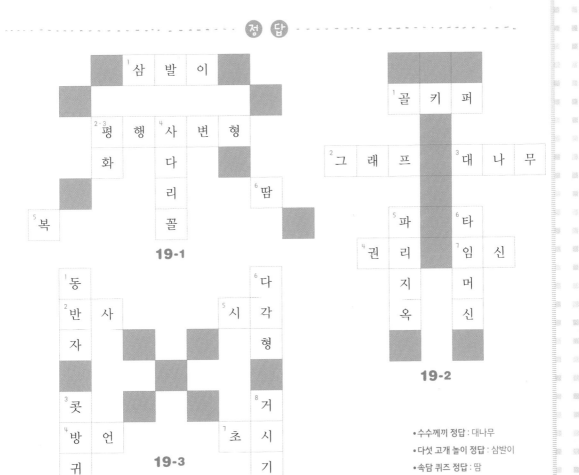

19-1

	¹삼	발	이		
²·³평	행	⁴사	변	형	
화		다			
		리		⁶땀	
⁵복		꼴			

19-2

¹골	키	퍼
²그 래 프		³대 나 무
⁵파		⁶타
⁴권 리 지 옥		⁷임 신 / 머 신

19-3

¹동				⁶다
²반	사		⁵시	각
자				형
³콧				⁸거
⁴방	언		⁷초	시
귀				기

• 수수께끼 정답 : 대나무

• 다섯 고개 놀이 정답 : 삼발이

• 속담 퀴즈 정답 : 땀

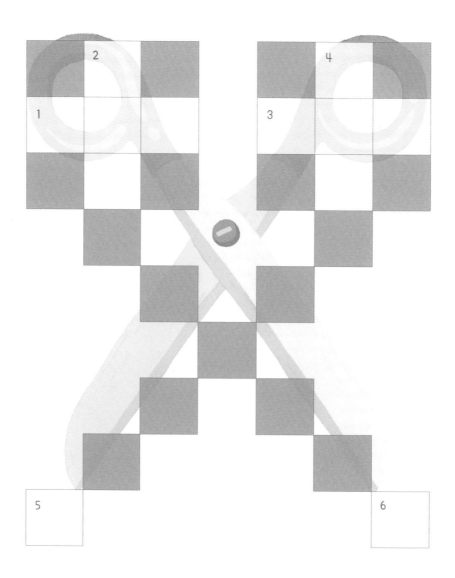

1 서로 자기 주장을 고집하며 옥신각신하는 일. _(국어활동❹-2 나, 156쪽)

예) 친구들끼리 말다툼을 하며 ○○○를 벌였어요. ⑪ 승강이 ⑱ tussle

3 두 개의 망원경을 나란히 붙여 두 눈으로 먼 거리의 물체를 확대해 볼 수 있게 한 광학 기구. _(과학❹-2, 140쪽)

예) 달을 ○○○으로 관찰해 보니 맨눈으로 보았을 때보다 훨씬 크고 멋있었어요.

⑱ binoculars ⑬ 雙眼鏡

2 유럽 서부에 있는 공화국. 수도는 파리. _(과학❹-2, 110쪽)

예) ○○○의 국기는 파랑, 하양, 빨강의 세 가지 색으로 이루어져 있어요. ⑱ France

4 색깔이 있는 렌즈를 낀 안경. _(과학❹-2, 114쪽)

예) 햇빛이 강한 날에 ○○○을 끼는 까닭은 무엇일까요? ⑱ sunglasses ⑬ 色眼鏡

5 지구에서 바다와 강이 있는 곳을 제외한 흙이 있는 부분. _(사회❹-2, 65쪽)

예) 우리나라는 ○은 좁고 인구는 많아요. ⑪ 육지 ⑱ land

6 숫자나 문자를 계산 기호로 연결하여 수학적으로 뜻을 가지게 한 것.

_(수학❹-2, 179쪽)

예) 다음 ○을 사용하여 계산해 보세요. ⑪ 수식 ⑱ formula ⑬ 式

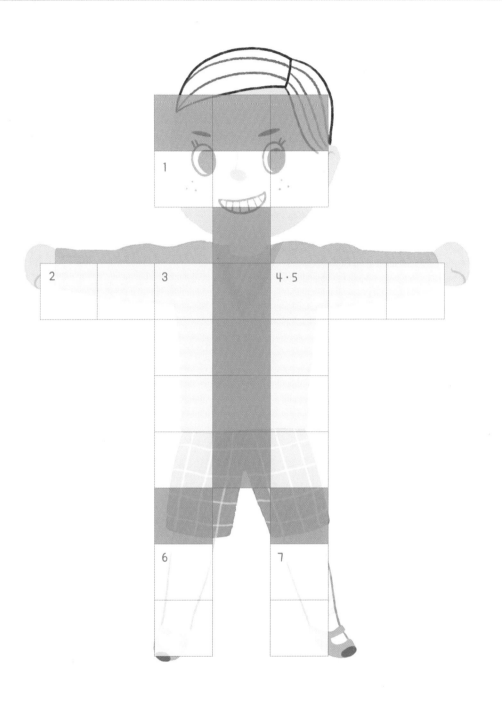

🔑 〈가로 열쇠〉

1 조선 시대, 한양 도성의 남쪽 정문. (국어④-2 나, 244쪽)

  예) 국보 제1호인 ○○○은 '남대문'이라고도 불러요. ⑧ Sungnyemun Gate ㉠ 崇禮門

2 정조 때 정약용이 만든 것으로 무거운 물건을 들어 올리는 데 사용하던 기계. (국어활동④-2 나, 199쪽)

  예) 정약용은 도르래의 원리를 이용한 ○○○로 수원 화성을 완성했어요. ㉫ 기중기 ㉠ 擧重器

4 방이나 솥에 불을 때기 위하여 만든 구멍. (국어활동④-2 나, 223쪽)

  예) 할머니가 ○○○에 불을 지피자 방이 금방 따뜻해졌어요. ⑧ fireplace

🔑 〈세로 열쇠〉

3 영국의 기네스 맥주 회사에서 발행하는 각 분야의 세계 최고 기록을 모은 책. (과학④-2, 37쪽)

  예) 정동진역은 세계에서 가장 바다 가까이에 있는 기차역으로 ○○○○에 올라 있어요. ⑧ Guinness Book

5 궁중에서 임금의 아들딸이 그의 아버지를 부르던 말. (국어활동④-2 나, 198쪽)

  예) ○○○○, 제가 이야기를 하겠습니다. ㉠ 어마마마

6 기준보다 적거나 모자람. (수학④-2, 121쪽)

  예) 내 몸무게는 표준 몸무게 ○○예요. ㉫ 아래 ㉠ 이상 ⑧ below ㉠ 以下

7 옛날부터 전하여 내려오는 교훈적인 짧은 말. (사회④-2, 75쪽)

  예) '세 살 적 버릇이 여든까지 간다'는 ○○을 알고 있나요? ㉫ 격언 ⑧ proverb ㉠ 俗談

🔑 〈가로 열쇠〉

3 나라의 중요 문서에 국가의 상징으로 사용하는 도장. (사회❹-2, 113쪽)

　예) 대한민국의 ○○는 대통령이 국민을 대표해서 갖고 있어요. 비 옥새 　영 great seal 　漢 國璽

4 벌레를 잡아먹음. (과학❹-2, 32쪽)

　예) '네펜테스'와 같은 벌레잡이 식물을 '○○ 식물'이라고 해요. 　영 insect-eating 　漢 食蟲

8 보석의 하나. 지구상에서 가장 단단한 무색투명한 물질. (국어활동❹-2 나, 183쪽)

　예) 남자는 결혼을 약속한 여자 친구에게 ○○○○○ 반지를 선물했어요. 비 금강석 　영 diamond

🔑 〈세로 열쇠〉

1 밥을 짓거나 음식을 끓이는 그릇. (국어활동❹-2 나, 218쪽)

　예) 속담 ○이 검다고 밥도 검을까. 비 가마솥 　영 cauldron

2 우리나라의 국호. 대한민국. (사회❹-2, 102쪽)

　예) 김치는 ○○의 전통 음식이에요. 비 동방예의지국 　영 Korea 　漢 韓國

5 인간의 생활에 해를 끼치는 벌레를 통틀어 이르는 말. (과학❹-2, 49쪽)

　예) 참실잠자리는 파리와 모기 같은 ○○을 잡아먹는 익충이에요. 비 유해곤충 　반 익충
　영 injurious insect 　漢 害蟲

6 이른 봄, 잎보다 먼저 연분홍색 꽃을 피우는 식물. (사회❹-2, 117쪽)

　예) 나의 살던 고향은 꽃피는 산골, 복숭아꽃 살구꽃 아기 ○○○. 비 참꽃 　영 Azalea

7 물결 모양의 구불구불한 선. (수학❹-2, 155쪽)

　예) 표를 보고 ○○○을 사용한 꺾은선 그래프를 그리세요. 　영 wavy line

수수께끼

Q. 갓 쓰고 부엌에서 사는 것은 뭐게?

A. 정답은 ☐ 입니다. (힌트 : 20-3에 나오는 낱말이에요)

다섯고개놀이

Q.
1. 동물인가요?
   아니요, 식물입니다.

2. 과일나무인가요?
   아니요, 꽃나무입니다.

3. 꽃잎이 노란색인가요?
   아니요, 분홍색입니다.

4. 철쭉과 비슷하게 생겼나요?
   예, 많이 닮았습니다.

5. 꽃잎을 먹기도 하나요?
   예, 그냥 먹기도 하고 화전으로 부쳐 먹기도 합니다.

A. 정답은 ☐☐☐ 입니다. (힌트 : 20-3에 나오는 낱말이에요)

속담 ᄀᄂᄃ 퀴즈

○ 넓은 줄은 모르고 하늘 높은 줄만 안다.

＊키만 홀쭉하게 크고 마른 사람을 놀림조로 이르는 말.

A. 정답은 ☐ 입니다. (힌트 : 20-1에 나오는 낱말이에요)

정 답

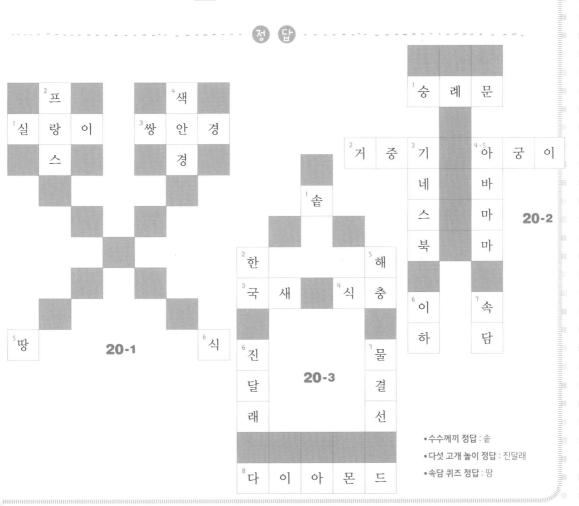

20-1

	²프			⁴색	
¹실	랑	이	³쌍	안	경
	스			경	

⁵땅   ⁶식

20-3

```
            ¹솥
²한              ⁵해
³국  새    ⁴식  충
⁶진              ⁷물
달              결
래              선
⁸다  이  아  몬  드
```

20-2

```
¹승  레  문
²거  중  ³기  ⁴·⁵아  궁  이
        네      바
        스      마
        북      마
⁶이          ⁷속
하          담
```

• 수수께끼 정답 : 솥
• 다섯 고개 놀이 정답 : 진달래
• 속담 퀴즈 정답 : 땅

엮은이 정명숙

서울 교대, 명지대 대학원 문예 창작학과 졸업.
〈아동 문예〉 동화 당선으로 작품 활동을 시작하였으며,
한국 문학 예술상, 올해의 자랑스러운 동요인상, 한인현 글짓기 지도상을 수상했다.
주요 작품으로는 〈자신감 있는 아이로 키우는 WHY 대화법〉〈누가 우리 쌤 좀 말려줘요〉
〈재미있고 똑똑한 100점 받아쓰기〉〈가로세로 교과서 낱말 퍼즐 ①, ②〉〈내 에티켓이 어때서!〉 등이 있다.
현재 사립 초등 학교 독서록 편집위원, 강서문인 협회 부회장이며
유석 초등 학교 교사로 재직 중이다.

3·4학년 개정 교과서에서 쏙쏙 뽑은
가로 세로 **교과서 낱말 퍼즐 3**

2015년 1월 20일 초판 1쇄 발행

엮은이 정명숙
그린이 권석란
펴낸이 김병준
펴낸곳 (주)**지경사**
주 소 서울특별시 강남구 논현로 71길 12
전 화 02)557-6351(대표) 02)557-6352(팩스)
등 록 제10-98호(1978. 11. 12)

© (주)지경사, 2015년 printed in Korea.
편집 책임 한은선 | **편집 진행** 이주연 | **디자인** 이수연
ISBN 978-89-319-2524-1 63710

잘못 만들어진 책은 구입하신 곳에서 바꾸어 드립니다.